Challenge the new technique of swimming

クロールが速く きれいに泳げる ようになる!

中央大学准教授 水泳部監督
高橋雄介

高橋書店

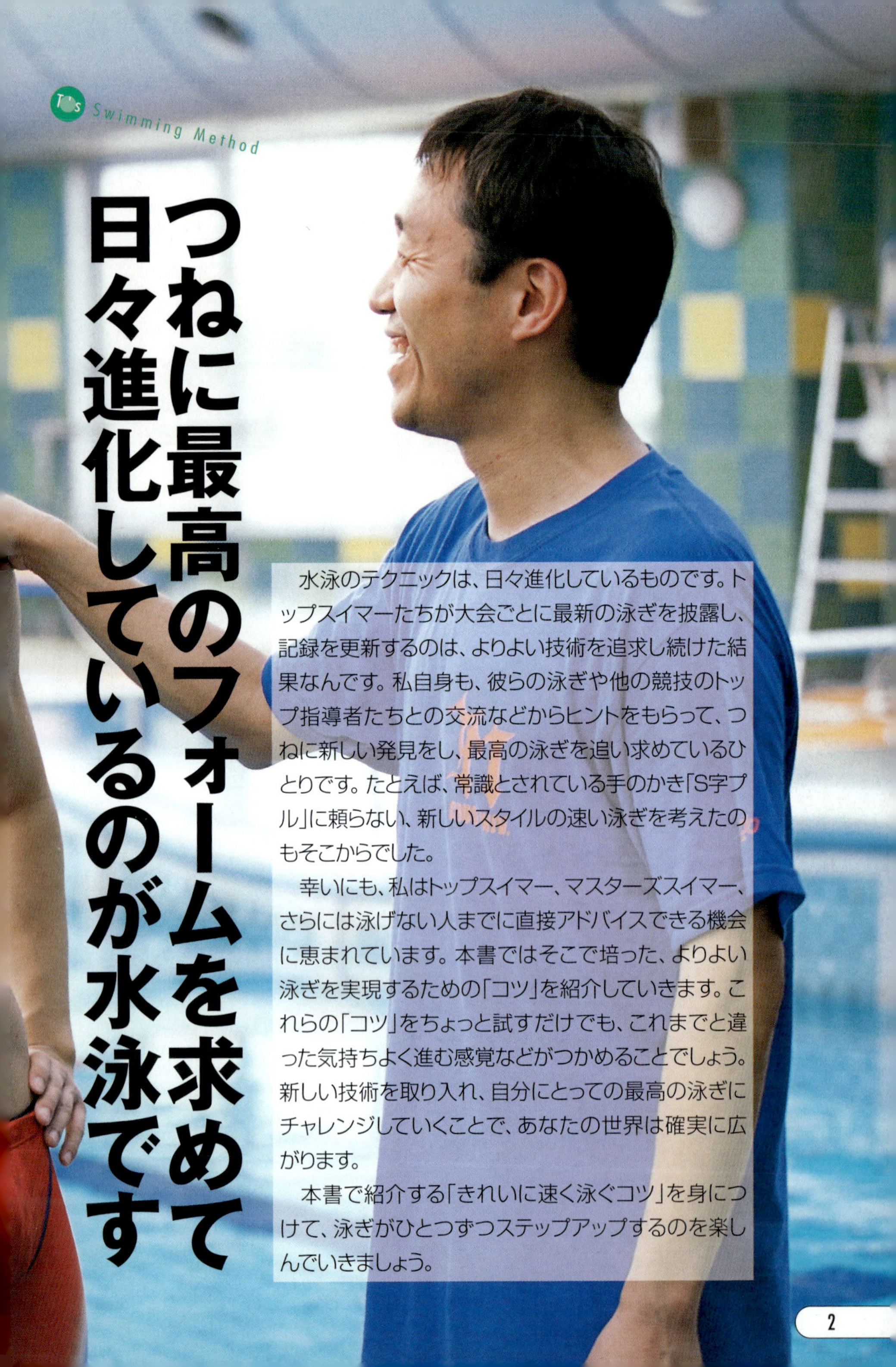

T's Swimming Method

つねに最高のフォームを求めて日々進化しているのが水泳です

水泳のテクニックは、日々進化しているものです。トップスイマーたちが大会ごとに最新の泳ぎを披露し、記録を更新するのは、よりよい技術を追求し続けた結果なんです。私自身も、彼らの泳ぎや他の競技のトップ指導者たちとの交流などからヒントをもらって、つねに新しい発見をし、最高の泳ぎを追い求めているひとりです。たとえば、常識とされている手のかき「S字プル」に頼らない、新しいスタイルの速い泳ぎを考えたのもそこからでした。

幸いにも、私はトップスイマー、マスターズスイマー、さらには泳げない人までに直接アドバイスできる機会に恵まれています。本書ではそこで培った、よりよい泳ぎを実現するための「コツ」を紹介していきます。これらの「コツ」をちょっと試すだけでも、これまでと違った気持ちよく進む感覚などがつかめることでしょう。新しい技術を取り入れ、自分にとっての最高の泳ぎにチャレンジしていくことで、あなたの世界は確実に広がります。

本書で紹介する「きれいに速く泳ぐコツ」を身につけて、泳ぎがひとつずつステップアップするのを楽しんでいきましょう。

CHUO
CHUO

アトランタ以前は、手のかきのポイントはフィニッシュでした

T's
Swimming
Method

泳ぎのトレンドが変わるサイクルは４年といわれています。つまり、ちょうどオリンピックの周期と合っています。世界のトップ選手や指導者たちがオリンピックに焦点を合わせ、記録を出すために日々努力した結果ともいえるでしょう。

アトランタオリンピック以前は、マッ

シドニーオリンピックといえば、地元オーストラリアのイアン・ソープ選手の活躍が思い出されます。彼は長身で腕が長いというメリットを生かし、大きいストロークのゆったりとした泳ぎで注目を集めました。

その泳ぎのポイントは、ひじの使い方にあります。彼の腕のかきは、手を入水したら、ひじを高い位置に保ったまま「腕全体で水を丸めこむ」ようにしています。これによって、手のひらを後ろに向けられるタイミングが早くなり、すばやく大きく水をとらえられるようになりました。このひじの動きを「ひじが立つ」と呼び、手の入水後、早い段階でこの動作をすることで、前方から後方へ水を効率よく大きくかけたのです。

これは「かき終わりに力強く」というフィニッシュ重視の泳ぎではなく、ひじを立てて「前で水をとらえる」という劇的な変化でした。そうすることで自然とS字プルの左右の幅が狭くなり、まっすぐに近い軌道でかくようになったのです。

T's Swimming Method

シドニーまでに「ひじ」の使い方が劇的に変化していきました

T's Swimming Method

アテネをきっかけに、トレンドは水を「かく」から「乗っかる」へ

アテネオリンピックを境に、クロールに対する考え方は大きく変わってきました。かきで水をとらえて推進力を得るポイントが、前へ前へと変化してきたのです。つまり、以前より中長距離選手がやっていた効率重視の泳ぎなのです。

その特徴は、ストロークでの腕の軌道は前、描くだ円もコンパクト、といった感じです。以前の泳ぎからは、水中姿勢や力が入るポイントが劇的に変わってきたんです。腕を長く大きくかくことでの、時間やパワーのロスをなくした、より効率的な泳ぎといえるでしょう。

「これではストローク数も増えて、今までより疲れてしまうのでは?」という疑問を持った人もいるかもしれませんが、基本はあくまでもゆったりとした泳ぎです。試してみれば、きっとあなたの水泳観も変わってくるはずです。

本書に登場する

高橋式のキーワード

**本書の技術解説の中には、
高橋式オリジナルキーワードが随所に登場します。
最初によく出てくる単語のイメージを簡単に頭の中に描いておくと、
わかりやすく読み進められるでしょう**

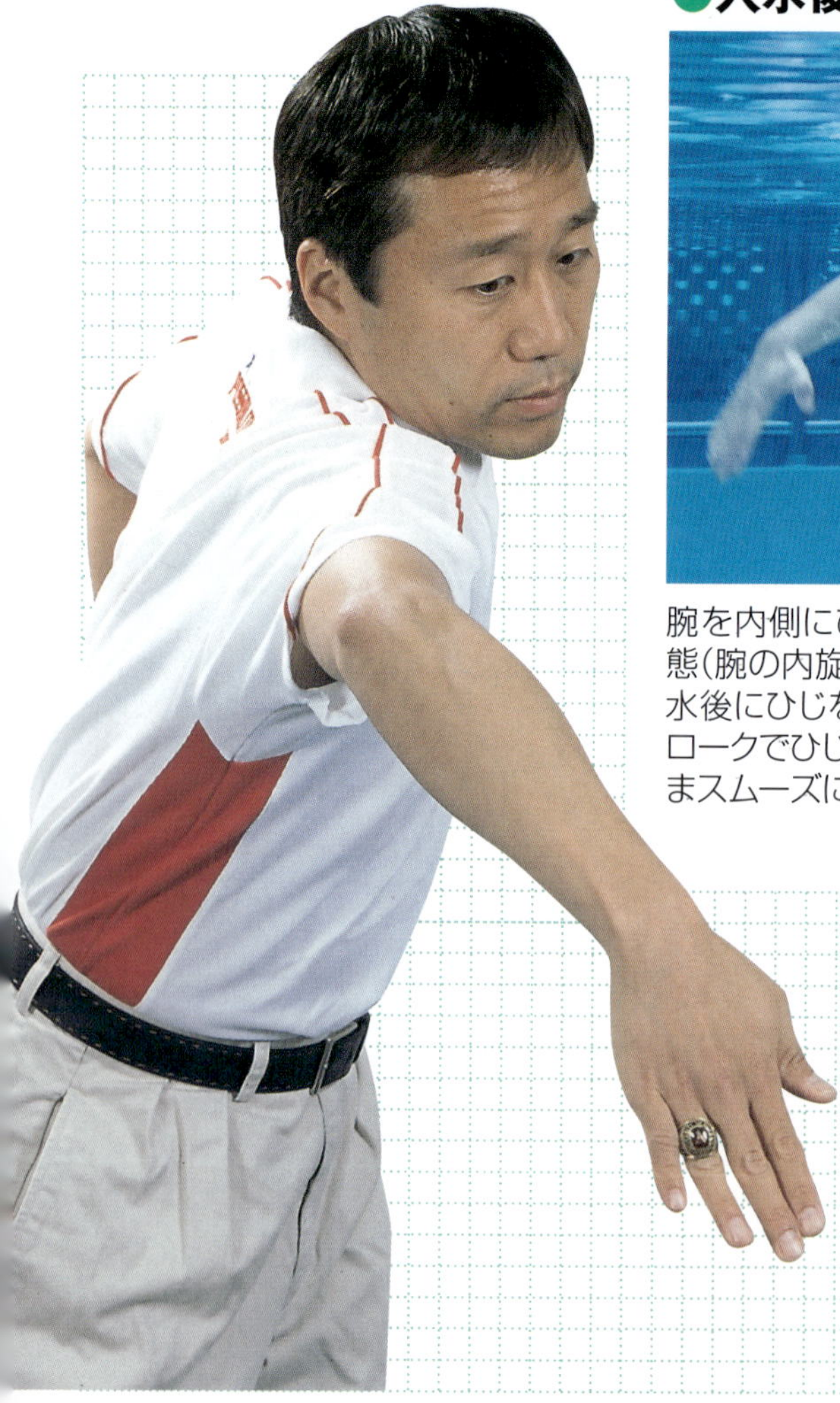

●入水後「ひじが立つ」

腕を内側にひねり、ひじ頭が上を向いた状態(腕の内旋)にすることです。たとえば「入水後にひじを立てる」とは、クロールのストロークでひじ頭を上に向けて入水し、そのままスムーズにかきに入ることを意味します。

T's Swimming Method

Key Word

●水に「乗っかる」

ストロークやキックで、重心をカラダの前の水に乗せるようなイメージのことです。フィニッシュに重点を置く「腕でかききる」泳ぎと異なり、重心を前に移動させる、カラダを進めることを意識した泳ぎのキーワードです。

●「ズン、タッ、タ」

片腕のかきに3回キックが入る、6ビートスイムでのキックのリズムのとり方です。手の入水と同時に入れるキックで泳ぎ全体のリズムをとるため、1回目が「ズン」、2、3回目が「タッ、タ」と表現します。ゆったり泳ぐときは、ワルツのテンポをイメージしましょう。

●「ストレッチングタイム」

「ゆっくり」の泳ぎでは、かきに入る前に腕を前に伸ばしてひと呼吸おいてからかきに入ります。この水中で伸びて気持ちよく進んでいる時間を、ストレッチングタイムと呼んでいます。

本書の使い方

美しく優雅な泳ぎを目指す人やフォームに自信がない人は、まずは「ゆっくり」から、最新の泳ぎを知りたい人や泳ぎに自信がある人は「最新テクニック」から読んでいただいてかまいません。

どこから読むにしても、むずかしいと思ったら戻り、できるようになったら先に進んでみてください。ひとつひとつテクニックを身につけていくことで、カラダはチューンナップされ、楽に気持ちよく、速く泳げるようになっていきます。紹介しているテクニックは、身につけていきやすい順番になっています。読み進めているうちに、テクニックのコツを理解しつつ上達できることでしょう。

●PART1 究極の「ゆっくり」スイミングで速くなる

「ゆっくり」とした泳ぎをマスターすることで、最新の泳ぎによりスムーズに移行できるようになります。

この章では、「ゆっくり泳いでみたけれど、どうもうまく泳げない」と感じた人が、自分の症状に合わせて泳ぎを改善できるような解決策とドリルを中心に紹介していきます。泳ぎをチューンナップできるポイントを見つけ出して、まずはゆったりと「ゆっくり」きれいに泳げるようになりましょう。

左ページの「SOLUTION」では、右ページの疑問に対する解決法を紹介します

DVDでは「ゆっくり」泳いだときに起こりがちな症状を紹介し、うまく泳げるようになるドリルを紹介します

「POINT CHECK」では、疑問を解決するためのドリルやチェック方法を紹介します

右ページの「TROUBLE CASE」では、「ゆっくり」泳いだときの疑問別に原因と対処法を解説します

●PART2 トップスイマーの最新テクニックで速くなる

この章では、最新の泳ぎのテクニックを紹介していきます。各部位の動きをマスターして、最後に全身の動きがスムーズにできるようになりましょう。章末のコンビネーションドリルなどを参考に練習してみてください。この泳ぎをマスターすれば、あなたもトップスイマーに仲間入りできるかもしれません。

T's Swimming Method
入水後は指先を、前にある水に引っかけるようにしましょう
Challenge the Latest Technique
chapter
1

DVDでは「最新の泳ぎ」に必要なポイントや新しいテクニックを紹介します。映像を見ながら頭の中でよいイメージをつくってください

右ページでは、新しいテクニックをひとつずつポイントごとに解説します

左ページでは、新しいテクニックを身につけるためのイメージや、さらに理解を深めるためのコツを紹介します

付属DVDの見方について

本書には、みなさんが最新の泳ぎをマスターするためのイメージづくりに役立つDVDを付けてあります。写真ではわからない実際の動きやリズムの取り方などを映像で確認して、よいイメージを頭の中に描きながら練習してください。泳いでみてうまくいかなかったときに映像を見ることで、つねによいイメージを持って練習できることでしょう。あなたの上達に必ず役立ちます。

まず本を読んで内容を理解

↓

DVDで実際の動きをチェック

↓

プールに行って泳いでみる

↓

違和感があった場合は、
ポイントを確認しドリルなどでチェックする

↓

「ちょっと違うな」と感じたときにはDVDを見る

↓

つねによいイメージをもって練習できるようになる!

●PART3 エクササイズ&ストレッチで速くなる

この章では、新しい泳ぎをよりスムーズにするために必要なエクササイズを紹介します。通常の筋力トレーニングとは異なり、「最新の泳ぎ」に特化した内容で組まれたエクササイズです。必ず上達に役立つはずです。ぜひ、やってみてください。

身につけやすいように肩甲骨、肩関節、股関節、体幹部の部位別エクササイズと、実際の泳ぎに役立つコーディネーションエクササイズの順で紹介しています。DVDで正しい動きをチェックしながらやってみましょう。

CONTENTS

PART3 エクササイズ&ストレッチで速くなる

PART 1

究極の「ゆっくり」スイミングで速くなる

「ゆっくり」きれいに泳ぐには効率のよい動きが大切。
ムダがないからこそ速く泳げるのです。
最新のスイムテクニックを取り入れるために
まずはゆったり泳いで、
泳ぎを洗練しチューンナップしていきましょう

「ゆっくり」泳ぐことで高性能なカラダができる、といわれてもピンとこない人も多いと思います。仕事などで時間のない人ほど、短時間でハードに泳ぎ込んでいることでしょう。たしかにそれでも、続けていれば筋力レベルや持久力はある程度上がるのですが、じつはもっと楽で効率的なやり方があるのです。そのしくみをわかりやすくするために、まず一般的に〝体力〟といわれている「有酸素能力」についてご説明しましょう。

　歩くなどの軽い運動なら、全身に酸素を巡らせながらできます。これを有酸素運動といいますが、激しく運動するとその能力が落ち、体力的にきつくなります。スイムでは特にこの状態がはっきり現れ、「急にスピードが落ちる」「力が入らない」など泳ぎ続けることがむずかしくなります。水泳ではこの「有酸素能力」が非常に大切で、泳力の土台

といってもいいものなんです。これを上手にアップできるのが、これから紹介するふたつのメソッドです。

　ポイントは、日常生活よりもちょっと高めの脈拍を保って泳ぎ続け、カラダをその運動に慣れさせることにあります。慣れてきたらカラダは楽になり、同じスピードで泳いでも脈は下がってきます。そこで決めておいた脈拍を保つためにペースを少し上げるのです。これをくり返すことで比較的楽に、ある程度のスピードで泳ぎ続けてもきつくならない、高性能なカラダができ上がるのです。

　「時間がないから」とハードな練習ばかりでは、小さな土台の上に高いビルを築き上げるようなものです。高いビルを建てるなら、そのぶん土台がしっかりしていなければなりません。忙しい人こそ賢く、より効率のよい化学的トレーニングをしましょう。

高性能な
カラダをつくる、
それが
「ゆっくり」です

T's
Swimming
Method

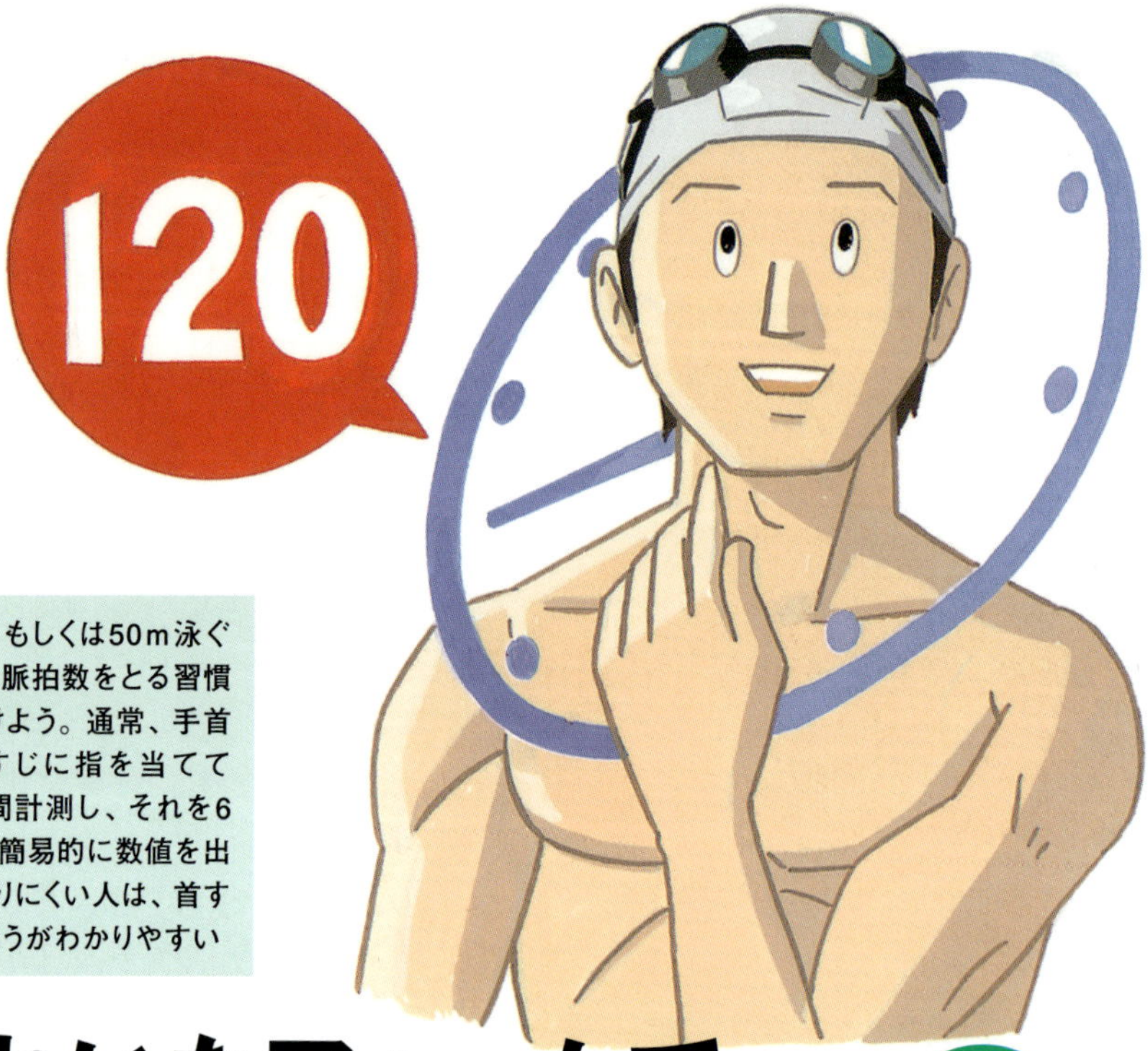

25m、もしくは50m泳ぐごとに脈拍数をとる習慣をつけよう。通常、手首か首すじに指を当てて10秒間計測し、それを6倍して簡易的に数値を出す。とりにくい人は、首すじのほうがわかりやすい

きれいなフォームで長く泳げるようになる高橋式「120」メソッド

T's Swimming Method

水泳を上達するために必要なのが、持久力のある高性能なカラダです。まずは陸上トレーニングではLSD（Long Slow Distance）と呼ばれている、ジョギングのような比較的軽い水中トレーニングから始めてみましょう。

このとき、運動レベルの目安となるのが脈拍数です。これを1分間で120（10秒間で20）程度に保ってトレーニングしていきます。脈拍数120というのは、血液中の乳酸濃度が約2㎜Mol程度ですから、疲労の指標となる血中乳酸値をあまり上げずに、長い時間泳げる運動レベルなのです。

長い距離を軽く泳げるようになり、泳ぎを楽しめる程度までカラダの性能を高めておきましょう。そうすれば、少しスピードを上げてもきつくならずに「ゆっくり」きれいに泳ぎ続けられます。一度きつくなるとフォームが崩れ、泳ぎにムダが多くなります。まずはゆったりとした優雅な泳ぎを身につけましょう。

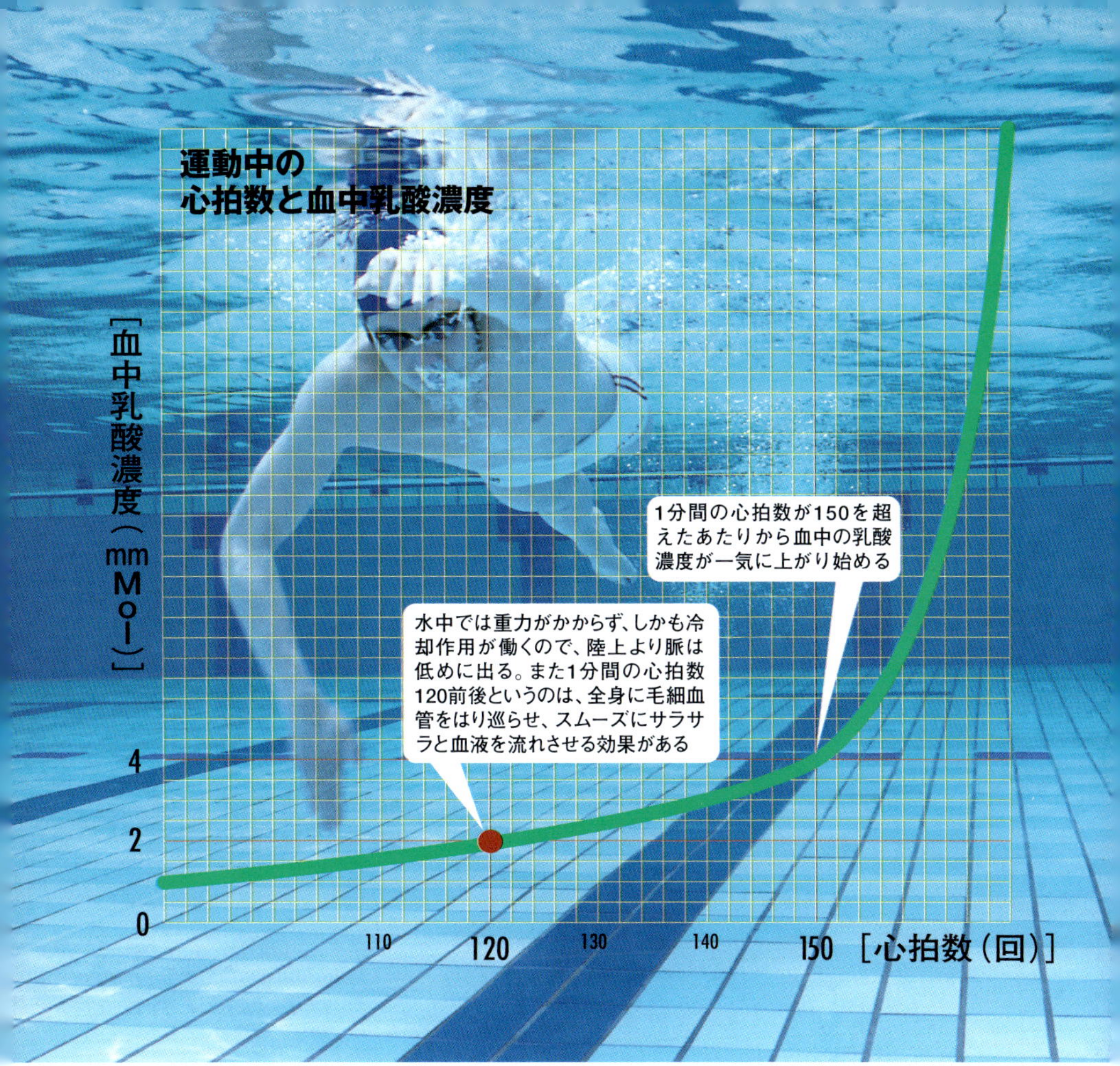
運動中の
心拍数と血中乳酸濃度
[血中乳酸濃度(mmMol)]
4
2
0
110
120
130
140
150
[心拍数(回)]
1分間の心拍数が150を超えたあたりから血中の乳酸濃度が一気に上がり始める
水中では重力がかからず、しかも冷却作用が働くので、陸上より脈は低めに出る。また1分間の心拍数120前後というのは、全身に毛細血管をはり巡らせ、スムーズにサラサラと血液を流れさせる効果がある

「120」メソッドなら効率よく脂肪を燃やせる

ダイエットや健康維持が目的であれば、この「120」メソッドがとても有効です。なぜならこの程度の運動が、いちばん楽に効率よく脂肪を燃やせるからです。

脂肪を燃やすには酸素が必要となります。そして筋肉に大きな負担をかけずに、もっとも多くの酸素を全身に送りこめるのが、1分間の心拍数120前後といわれています。つまり「120」メソッドなら、楽に泳ぎのベースをつくりつつ、消費するエネルギーのほとんどを脂肪がまかなってくれ、しかも運動を長時間続けられるんです。

トレーニングメニューの組み方

メニューを組むなら、まず10〜15分くらいで終えられるものから始めてみるといいでしょう。できるようになったら徐々にレベルを上げていく方法もいいと思います。たとえば10分から始めて、同じメニューを15分できる人は1.5倍、20分の人は倍、といった感じで体力に合わせて泳ぐ時間を調整していきましょう。

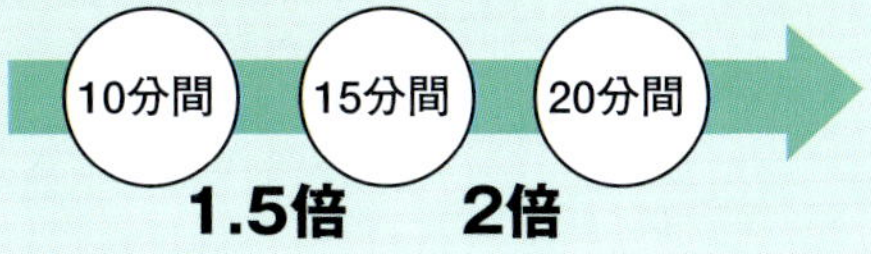
10分間
15分間
20分間
1.5倍
2倍

「150」メソッドで
持久力を効率よく高め、
高性能ボディをつくる
T's
Swimming
Method

トレーニングの強度を徐々に高めていくと、急激に疲労しだすポイントがあります。これは、有酸素能力だけではカラダが対応しきれなくなった状態で、1分間の脈拍数は150前後になります。

人間のカラダは、血中の乳酸という物質の濃度が、ある程度上がったら除去機能が働きます。その除去能力のベースをつくるのが「120」メソッドです。そして、乳酸が筋肉にあふれて運動を続けるのが一気にきつくなる手前の、ギリギリのラインを保って持久力を上げるのが「150」メソッドなのです。トップスイマーたちも実践するこの「150」メソッドは、水泳に必要な持久力を効率よく高め、スピードを上げてもバテない高性能ボディがつくれるんです。

「150」は「120」よりきつめのトレーニングですが、ちょっとだけがんばってみましょう。スピードを上げても乳酸をどんどん除去してくれる、高性能なカラダが手に入ります。

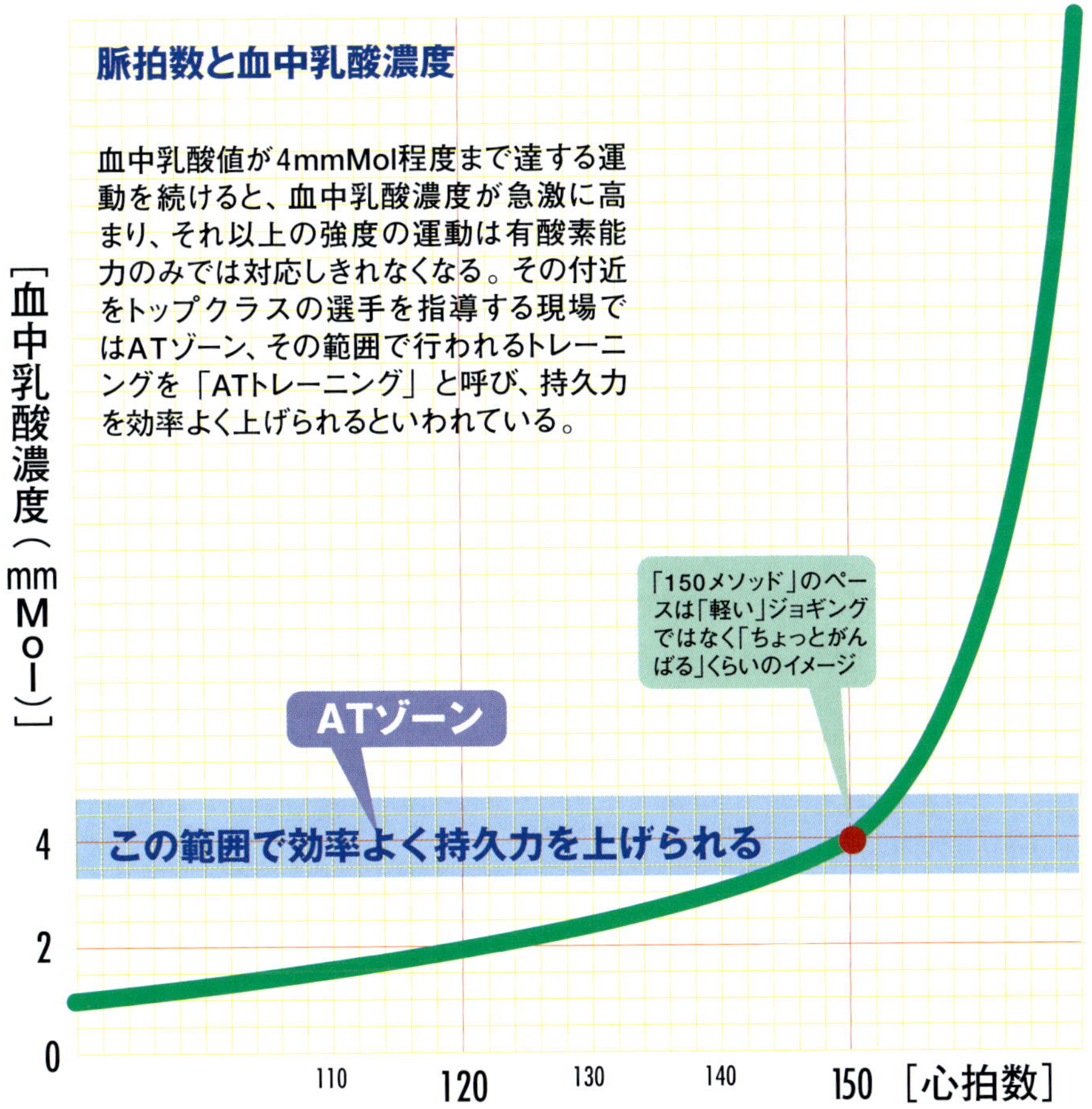
脈拍数と血中乳酸濃度
血中乳酸値が4mmMol程度まで達する運動を続けると、血中乳酸濃度が急激に高まり、それ以上の強度の運動は有酸素能力のみでは対応しきれなくなる。その付近をトップクラスの選手を指導する現場ではATゾーン、その範囲で行われるトレーニングを「ATトレーニング」と呼び、持久力を効率よく上げられるといわれている。
[血中乳酸濃度（mmMol）]
「150メソッド」のペースは「軽い」ジョギングではなく「ちょっとがんばる」くらいのイメージ
ATゾーン
この範囲で効率よく持久力を上げられる
4
2
0
110
120
130
140
150
[心拍数]

※ATポイントは学術用語ではOBLA（＝Onset of Blood Lactate Accumulation）と呼ばれている

インターバルトレーニング

50mを12本泳ぐメニュー例

レベル	120	150	ラウンド数
高	2本	1本	4回
	3本	1本	3回
	5本	1本	2回

メニューは左の表のように、自分のレベルや体調などに合わせて「120メソッド」も織りまぜましょう。そして50mを何本泳ぐ、という個々の目安をつくっていくといいでしょう。1本泳ぐごとに心拍数を確認し、セット間にインターバル（休憩）を入れ、ムリはしないようにしましょう。

「ゆっくり」泳ぐことで、苦手な部分が見えてきます

「ゆっくり」泳いでみると速く泳いでいたときとなにか違うな、と感じた人は多いかもしれません。なかには「いつものペースのほうが楽だ」と思った人もいることでしょう。しかしそれは、その人の泳ぎに改善できる部分があるからなんです。

　手足を力強く動かして泳いでいれば、とりあえずは力で進みます。とはいえ力には限界があります。だからこそ、トップスイマーは技術を磨くのです。彼らの技術のコツを上手に取り入れて、泳ぎをチューンナップしていきましょう。

　「ゆっくり」では、これまで気にしていなかった部分にも、より効率的な動きが必要になります。「脚が沈んでしまう」「息つぎしにくい」「まっすぐに泳げない」など、いろいろ気になる点も出てくるでしょう。これらのポイントを改善していけば、ひとつクリアするごとに泳ぎは洗練されていきます。この洗練が泳ぎの美しさにつながり、効率よい動きは、速く泳ごうとしたときのスピードを確実にアップさせます。ちょっとした水の抵抗を減らすだけでも、泳ぎの感覚やタイムがよくなってくるものなんです。

　がんばって泳いでいるときにテクニックを身につけるのは難しいことです。速く泳ぎたい人こそ、効率よく技術を身につけられる「ゆっくり」をおすすめします。ゆっくり泳いでうまくいかないことは、速く泳いだときにもうまくいかないのです。

　最新の泳ぎを取り入れる前に、まず「ゆっくり」であなたの苦手な部分をチェックしましょう。そうすることで、速く泳ぐための、効率よい美しいフォームのベースが身につくんです。

T's Swimming Method

日本記録保持者が語る ゆったり泳ぐメリット

**日本記録を出しているようなトップスイマーたちも、
フォームのチェックやドリルのときには
ゆったりとした泳ぎを実践しています。
そんな彼らにゆったり泳ぐメリットを聞いてみました。
トップスイマーのチェックポイントを参考にして、
みなさんも気持ちよくゆったり泳いでみましょう。**

Daisuke Hosokawa

●細川大輔

1982年4月18日生まれ。
兵庫県出身。
男子100m自由形
元日本記録保持者

気持ちのいい泳ぎの中で 自分の泳ぎがつかめるのです

ゆったりとした泳ぎをするときには、自分の理想の泳ぎを頭の中に描くことが大切です。僕もゆったりとスピードを落として、カラダが浮いた状態で泳ぐフォームチェックをやっています。

みなさんも、ムリのない気持ちいいスピードで泳いでフォームのチェックをするといいでしょう。特に手の入水からキャッチまでを意識して、自分のリズムに合うように調整していくのがいいと思います。

自分のタイミングに合わせて泳ぎを変えたり、新しいことにどんどんチャレンジしていってほしいと思います。

●PHOTO／Daisuke Kohno

手のひらに水を感じ、力まず気持ちよく泳ぎましょう

私もフォームチェックやドリルでは、スピードを上げずにしっかりと手のひらで水を感じるように泳いでいます。ゆったりとした動きの中で正しいフォームをつくれなければ、スピードを上げたときにもつくれません。

ゆったりと泳ぐ場合は力を抜いて、水をかき込むときはひじを引かずに立てるように心がけるといいでしょう。

水となかよくなって「力を抜く」感覚を得ることで、魚のように水の中を進めるようになるでしょう。とにかく水泳を楽しんでほしいと思います。

●田中雅美

1979年1月5日生まれ。
北海道出身。
女子100m平泳ぎ
日本記録保持者
2000年シドニーオリンピック
銅メダリスト

Masami Tanaka

泳ぐことの気持ちよさを知って世界が変わりました

高橋式のゆったりとした泳ぎと出会って、私の水泳観は劇的に変わりました。それまで私が抱いていた水泳のイメージは迷信だったとわかったのです。

私がゆったり泳ぐときにポイントとしているのは、いきなりかき始めずに、前に伸びるストレッチを意識すること。そうすると、その他の動作もゆっくりできるんです。手のかきを意識すれば下半身を忘れられるので、絶対に沈まない自信ができました。

ゆったりと泳いでいると、水の中を飛行してゆくような感じになります。最高の気分。泳ぎが苦手な人の多くは人の目を気にしますが、案外、人は見ていません。そんな心配をするよりは、自分の健康は自分で保つほうが大切ですから(笑)。

●長田渚左

東京都生まれ。
桐朋学園大演劇専攻科卒。
海外リポーター、スポーツキャスターをへて、ノンフィクション作家に。著書多数。

「ゆっくり」とはこんな泳ぎです

1 かきは外にかき出すのではなく、カラダの下でゆるいS字を描くように

2 息つぎは前に伸ばした腕に耳を乗せるようなイメージで

1 リカバリーはひじの高さを気にせず自然に行う

2 水の抵抗が少ない姿勢をつくり、ゆったり進む

3

前に伸ばした腕の位置を保ったまま
顔を戻し始める

4

入水は肩の延長線上で指先→手首→
ひじの順で行う

3

手のひらを後ろに向けてかく。足首
をしなやかに使ってキックを打つ

4

ローリングしすぎないようにし、腰
からの動きを意識

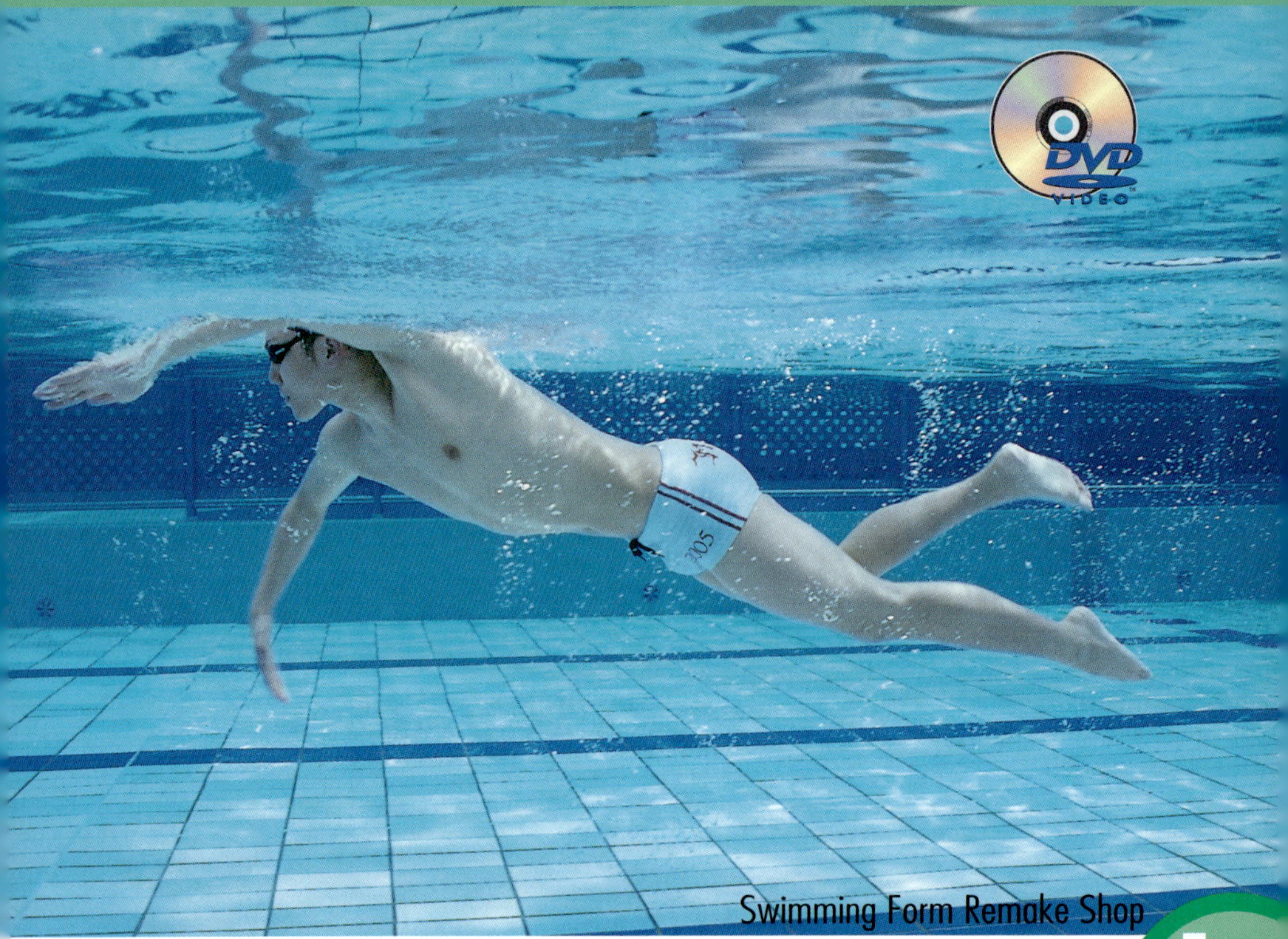

Swimming Form Remake Shop

TROUBLE CASE 1

疑問

「ゆっくり」泳いで脚が沈んでくる

「ゆっくり」泳ぐと脚が沈んでくる人をよく見かけます。しかし、これはカラダの構造上、自然なことなんです。カラダには浮心と重心があります。浮心とはひとことでいえば肺のことで、重心はおへその少し下の「丹田(たんでん)」になります。この位置の違いによって、頭以外は沈んでいくのです。

がんばって泳いでいるときにはキックをたくさん打つので、ある程度脚を浮かせられ、浮心と重心のズレは気になりません。しかし「ゆっくり」ではキックを強く打たないので、ごまかしが利かなくなってきます。特に男性の場合は、女性よりも筋肉量が多いぶん、沈みやすくなることでしょう。

この解決策としては、浮心と重心を近づけるようにすることです。脚が沈んでくる人の多くは、水中での水平感覚がズレています。自分では水平だと思っていても、じつはカラダが沈んでいるケースが多く見られます。これまでその姿勢で泳ぎ続けてきたのですから、しかたのな

SOLUTION

T's
Swimming
Method

解決

水平の感覚をカラダで覚えましょう

重心を前に乗っけるようなつもりで眉間(みけん)を意識し、前につんのめるイメージです。このとき背すじを張って、太ももの裏を上げるとまっすぐな姿勢をつくりやすいんです

水平な姿勢を実際にとってみると、想像以上に前につんのめった感じがするのでは。この感覚をカラダで覚えておこう

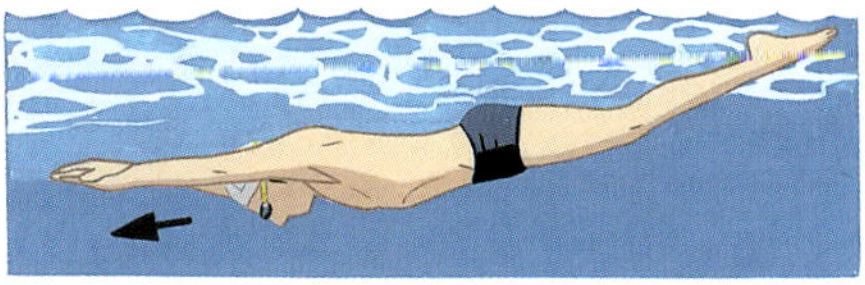

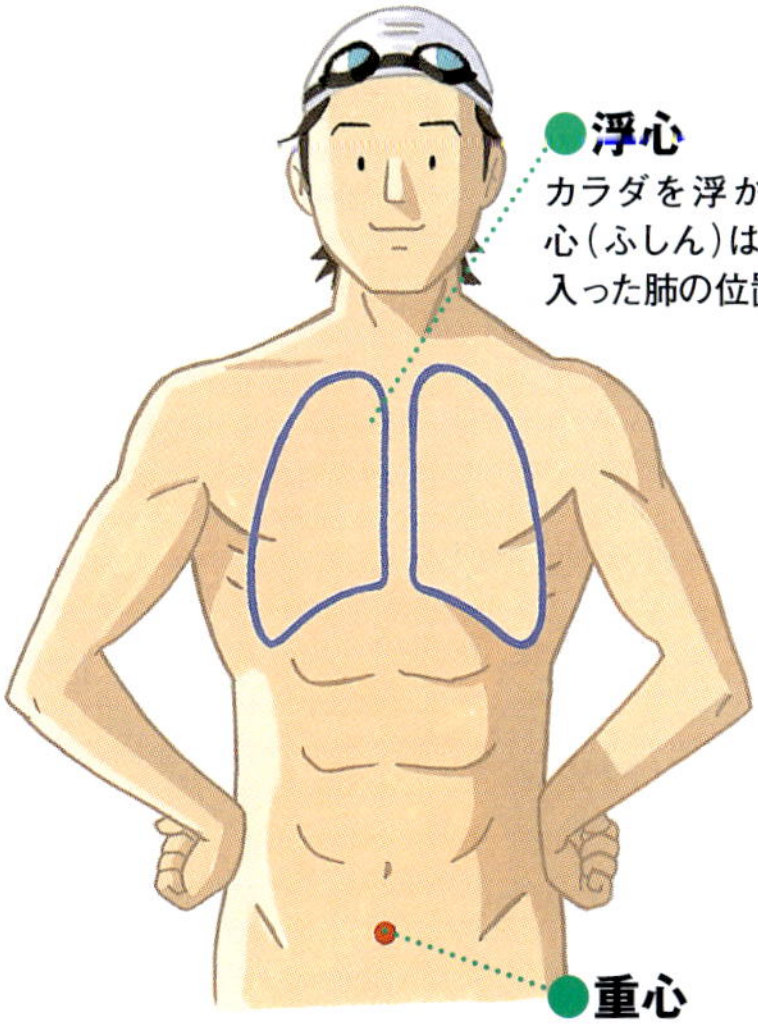

浮心
カラダを浮かせる浮心(ふしん)は空気の入った肺の位置
重心
重心はおへその少し下あたりの丹田(たんでん)。おへそではないので注意しよう

Point Check

プルブイスイム

プルブイを太ももで挟み、下半身を浮かせて泳ぐことで正しい水平感覚が身につく

水平の感覚は前につんのめった感じがするかもしれないが、それが正しい水中姿勢。カラダに覚え込ませよう

この形状のプルブイなら、挟んだまま軽くキックを打つ練習も簡単にできる

いことです。まずは「本当に水平になった感覚」をカラダで覚えましょう。やってみると、思ったよりつんのめった感じがすることでしょう。しかしこれこそが、効率のいい泳ぎに近づく第一歩なんです。

Swimming Form Remake Shop

TROUBLE CASE 2

疑問

「ゆっくり」泳いで キックのリズムがつかめない

「ゆっくり」泳ぐと、手のかきとキックのタイミングがズレてきて、キックのリズムがつかめなくなってしまう人も多いと思います。強いキックを打とうと力んでいたり、キックと手の動きがもともと連動していなかったりする人はこうなりやすいようです。

ゆったり優雅に安定して泳ぐためには、できるだけ楽に泳ぎ続けることが大切です。キックが強すぎたり、リズムをつくらず数多く打ったりしていると、心拍数も上がってしまいます。「ゆっくり」ではキックをできるだけ打たずに、あくまでもバランスやタイミングをとるものとしてとらえましょう。うまくいかない人は脚が沈んでいる(P30参照)場合が多いので、そちらも参考にしてください。

足を少し内股ぎみにし、足首をやわらかくしならせるように使うのもポイントです。まずは片腕のかき1回に対して1回キックする2ビートスイムから始めれば、腕にキックを連動させたきれいな泳ぎのコツがつかめるでしょう。

SOLUTION

T's
Swimming
Method

解決

キックを、かきのタイミングに合わせて泳ぎましょう

足首をやわらかく使ったゆったりした2ビートスイムで、「タイミングキック」をしましょう

1

足首をやわらかく使ってリズミカルに打つのがポイント

2

右手の入水に合わせて左足のキック。リラックスしてやってみよう

Point Check

タイミングキック

右手が入水するときに左足でキックする、というように対角の動きでタイミングをとるのがポイント

1

キックが大きくなりすぎないように。あくまでも「ゆったり」を意識

2

やわらかい足首の感覚がわからない人はひざから下をしならせるようにイメージ

Swimming Form Remake Shop

「ゆっくり」泳いで

TROUBLE CASE 3

疑問 息つぎがしにくくなった

息つぎがしにくい原因のほとんどはカラダが沈んでいることです。カラダが沈む理由は2つに分けられます。

ひとつめは、前に伸ばしている腕が下がる場合です。水をとらえるタイミングが遅れるので、かきの力があまり推進力につながりません。カラダが進んでいない状態でムリに息つぎしようとするとムダな力が入り、沈んでしまうのです。

ふたつめは、息つぎのタイミングが遅い場合です。リカバリーの腕が上がった状態で、ゆっくり息つぎしているケースに多く見られます。この場合は、腕の重さでカラダも沈んでしまうんです。

これらは、前に伸ばした腕に耳を乗せるように呼吸することで解決できます。腕を前に伸ばし水中でかきながら、カラダが進んでいるタイミングで呼吸すればいいんです。それをもっと楽にするには、腰からのローリングが効果的です。肩だけでなく、カラダ全体を傾けるローリングを心がければムダな力が入らず、息つぎがしやすくなるでしょう。

SOLUTION

T's Swimming Method

解決

カラダをしっかり浮かせ、腰からのローリングをしましょう

肩だけを傾けるのではなく、腰からひねって
肩と骨盤の左右のラインを一緒にローリングさせましょう

肩と腰を一緒に回す感じでローリングする

Column

肩の関節が硬い人も水上に顔を出しづらくなり、息つぎしにくくなることがあります。この場合はPART3のストレッチやエクササイズで、肩関節の可動域を広げましょう。日常生活に取り入れて、あなたの肩をチューンナップできる特別なエクササイズもあります。肩こりの解消などにも効果があるので、ぜひ試してみてください

NG

腰を残したまま肩だけを回すとよけいな力が入ってしまいがち

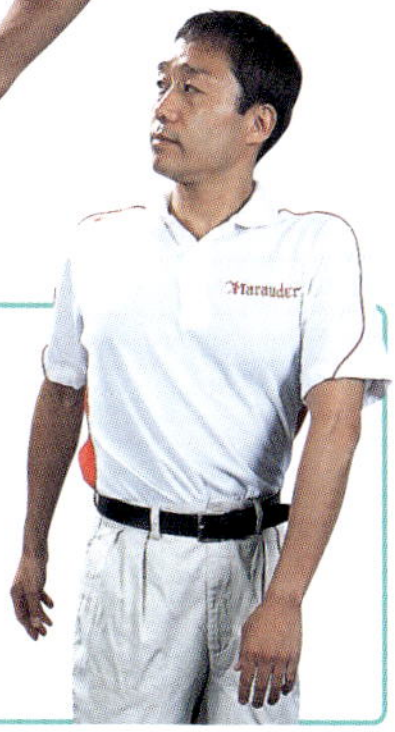

Point Check

耳のせストレッチングスイム

腕を前に伸ばし、そこに耳をのせるイメージで呼吸する。伸ばした腕に頭をのせるように意識すれば、泳ぎのポイントも前になり、下半身が沈まなくなる

中級以上の人は、サイドキックで腕を前に伸ばす感覚をつかむ

Swimming Form Remake Shop

TROUBLE CASE 4

疑問 「ゆっくり」泳いで息つぎのときだけよく進む

「ゆっくり」泳ぐと、息つぎのときだけよく進むように感じるという人もいます。これは、腕をかき終える動作「フィニッシュ」を強く意識した泳ぎになっているからです。男性でカラダを鍛えている人ほど、フィニッシュで力が入っているようです。このフォームでは水から手を抜くときに、もものあたりで上方向にかくので、脚が下がってカラダが起きてしまいます。力強くフィニッシュしているので進んでいるように感じますが、実際は水の抵抗が大きくなっているんです。

この場合はフィニッシュを強くするよりも、かきの後半の腕が腰をすぎたあたりで、スッと腕を抜くようなイメージを持つといいでしょう。そうすることで楽に泳げるようになり、フォームも美しくなります。

また呼吸する側のかきだけ強く意識していると、こうなる場合もあります。このときは前方で腕がそろうキャッチアップ（P39参照）をすれば、バランスよく両腕でかけるようになります。

SOLUTION

T's
Swimming
Method

解決

フィニッシュは、かききる手前で腕を抜いていいんです

カラダが起きてしまうような力強いフィニッシュは必要ありません。
腰をすぎたあたりで、腕を前に戻すリカバリーに入りましょう。
「水に力を伝える」ことを、かきの前半で意識するのがポイントです

○

腕が腰のあたりをすぎたら、水から抜く。フィニッシュで強くかききっていないので、水しぶきも小さい

×

フィニッシュで水しぶきの上がるような強くかききる泳ぎでは、カラダが立ちやすくなる

Point Check

フロントキャッチドリル

プルブイで下半身を浮かせた姿勢で
意識を前に前に持ってくれば、
水中姿勢を水平に保ったまま
楽なフィニッシュで効率よく進める

1

脚が浮くため水中姿勢が水平になり、フィニッシュの力みがなくなる

2

姿勢が整うと自然と意識が前に向き、フィニッシュもコンパクトになっていく

Swimming Form Remake Shop

疑問

TROUBLE CASE 5

「ゆっくり」泳いで息つぎのときにスピードが落ちる

息つぎのたびにスピードが落ちるように感じる場合は、呼吸のときに前に伸ばしている腕でうまくかけていないことが多いようです。特に息つぎに不安を抱えている人は、必要以上に頭を上げようとして、前に伸ばした腕で無意識に外側にかいていたり、押さえ込んだりしているようです。これでは、かきたいところで腕がすべって、うまく水をとらえられません。また水上に上げた頭と息つぎをする腕の重みでカラダが沈み、腕に力が入ってしまいがちです。

そんなときは、前のほうで水をとらえる意識を持つことで、フォームが大幅に改善されます。カラダをつねに水平に保って、水を前からとらえる感覚をつかむようにするといいでしょう。前に伸ばした腕の指先でしっかり水を感じながらかいていくイメージです。腕の軌道を目で追うようにすると、うまくいきます。

どうしても息つぎが不安でしたら、「耳のせストレッチングスイム（P35参照）」をやってみましょう。

SOLUTION

T's
Swimming
Method

解決

前のほうで水をつかむような イメージを持ちましょう

意識が息つぎにいくと
かきがおろそかになってくるので、
水をかく手に集中するといいでしょう

水中ではしっかりとカラダの下をかくように意識する

カラダを前に乗せて、さらに前の水をつかむイメージ

Point Check

フロントビュー キャッチアップ

あごを引いたまま両腕が前でそろうタイミングをつくってかき、腕の動きを目で追う

フロントビュー 2ビートスイム

前を向いて片腕ずつ前の水をとらえるような感覚を確認しながら泳いでみよう

Swimming Form Remake Shop

6

疑問

TROUBLE CASE

「ゆっくり」泳いで ゆっくり泳げない

「ゆっくり」泳ぐと、カラダが不安定になって腕のかきやキックが速くなり、つい速度が上がってしまう人もいるようです。この場合は、腕が入水したらすぐにかこうとしていないでしょうか?

入水後は、まず腕とカラダをひと呼吸ぶん伸ばす「ストレッチングタイム(P11参照)」をとりましょう。この姿勢をとることで、カラダを前に進めることに意識を集中できます。ストレッチングタイムがとれないと「腕が下がる」「水を押さえつける」「かきで力が入らない」などが起こります。急いでかこうかこうとせずに、ゆったりと伸びやかな泳ぎをイメージしながら、ひと呼吸ぶんカラダを伸ばしましょう。ストレッチングタイムでカラダを前に進ませる感覚は、速く泳ぐときの水に乗っかって効率よく進むイメージづくりの参考にもなります。

またキャッチのときは、水面から20㎝くらいの深さで水をとらえるようにしましょう。ひじが早く立ち、前で大きく水をとらえられます。

SOLUTION

T's Swimming Method

解決

ストレッチングタイムから、ひじを落とさずにやわらかく水を丸めこむイメージです

入水後早めに「ひじを立てる(P10参照)」動きをしましょう。水面から20cmくらいのところで、やわらかく水を丸めこんで、カラダを前へ前へ進めるイメージです

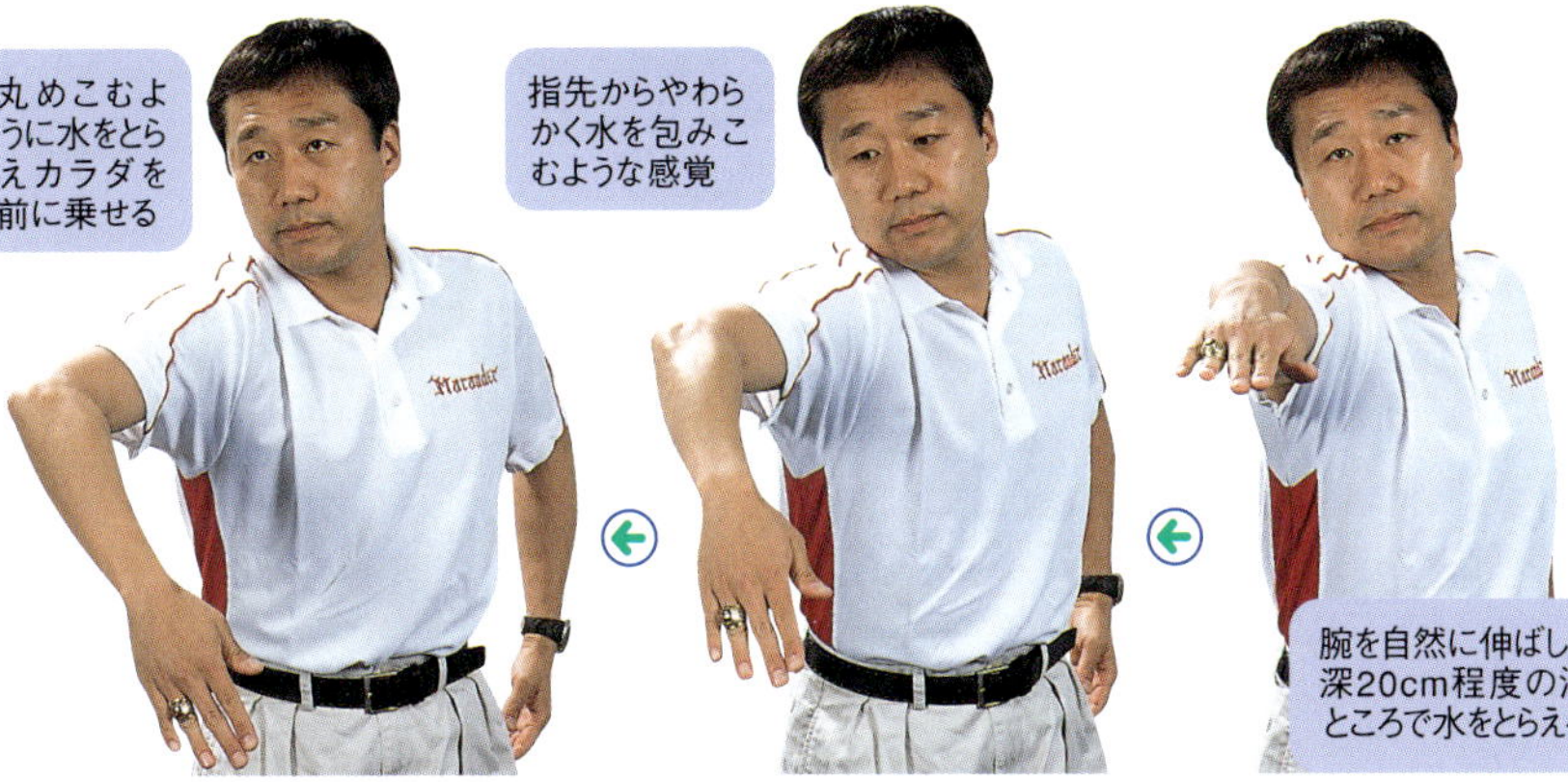

丸めこむようにに水をとらえカラダを前に乗せる

指先からやわらかく水を包みこむような感覚

腕を自然に伸ばし、水深20cm程度の浅いところで水をとらえる

指先→手首→ひじの順に入水し、水中でしっかりとひじを立てる

NG

ひじが落ちると、水を丸めこめないだけでなく、腕も下がり水をなでる動きになる

Point Check

ストレッチングクロール

キャッチは浅めにし、ひじを早めに立てるよう意識するのがポイント。伸びやかにカラダを前に進めるようにイメージしよう

腕を前に伸ばしたときにひと呼吸おくようなイメージで泳ぐ

ゆっくり泳げない原因が、脚の沈みの場合もあります。「プルブイスイム(P31参照)」を試すのもいいでしょう。

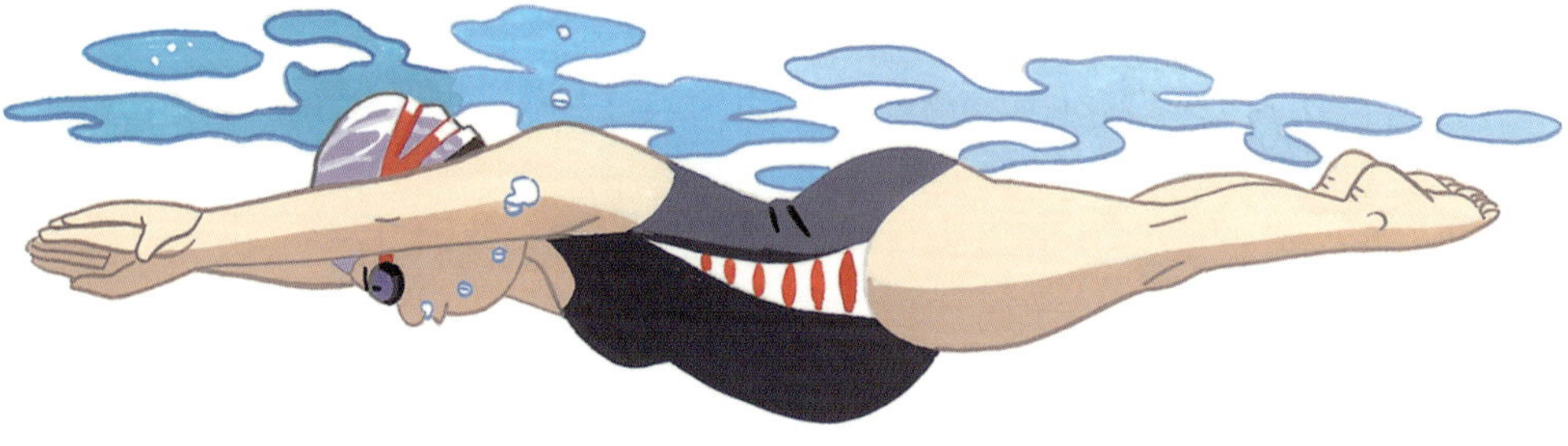

Swimming Form Remake Shop

疑問

「ゆっくり」泳いで かきで力が入らなくなった

TROUBLE CASE 7

「ゆっくり」では、カラダをリラックスさせてしなやかに泳ぐことが大切です。しかし、全身の力をゆるゆるに抜いてしまうと安定しません。

力を入れなくてもプカリと浮いていられる人は、お腹だけが落ちてしまったような姿勢になりがちです。これは腹筋がつきにくい女性に多く見られます。この姿勢では背中が反ってきて、入水からひじが落ちます。そうするとかきの前半が水をなでるような動きになり、フィニッシュを重視した形になってしまいます。その結果、正しいまっすぐな水中姿勢がとりにくくなります。水中にカラダが沈んでいるほど動きにくくなり、息つぎも効率よくできなくなるのです。

手足はリラックスさせたまま、おへその下あたりに力を入れて、背すじをぴんと伸ばしましょう。これによって太ももの裏にも力が入って、脚全体が持ち上がりやすくなります。腰を入れるように骨盤をグッと上げ、お尻を締めるようにするといいでしょう。

SOLUTION

T's Swimming Method

解決

手足はリラックスさせたまま、背すじをグッと伸ばしましょう

背すじを伸ばすことで、体幹(胴体)以外をリラックスさせながら、太ももの裏を引き上げられます。これで正しい水中姿勢が保てるようになり、かきでもグッと水をとらえられるようになるんです

○

お尻を締めるように背すじを伸ばすと、脚も引き上げられて姿勢がまっすぐになる

×

カラダが反ってしまうと手→手首→ひじの順番で入水できないだけでなく、水中でひじも落ちてしまう

Point Check

ボディアップエクササイズ

全身の力を抜いた状態から、お尻をキュッと締めるように腰を持ち上げる。これができるようになると、他の部分をリラックスさせたまま、太ももの裏だけに力を入れられる。脚やお腹を持ち上げて、水平な水中姿勢に必要な力の入れ方を身につけよう

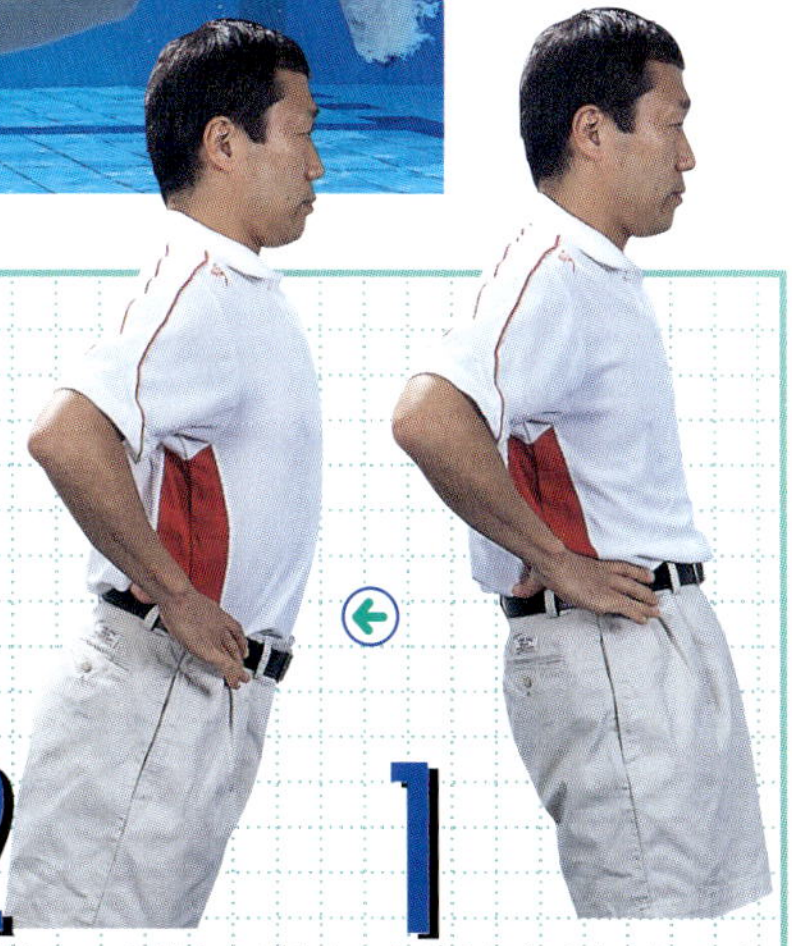

1 まずは全身の力を抜いて、リラックスした状態からスタート

2 お尻をキュッと持ち上げるようにする。おへその下あたりに力を入れるとやりやすい

Swimming Form Remake Shop

疑問 TROUBLE CASE 8

「ゆっくり」泳いで まっすぐ進まなくなった

「ゆっくり」泳ぐとまっすぐ進まなくなるようなら、まず腕のかきをチェックしてみましょう。この原因は大きく2つに分けられます。

ひとつめは、息つぎする側の手だけ外側に大きくかくケースです。かきの軌道が極端なS字を描いていることが多く、片手だけ横に向かってかくため、曲がってしまうのです。

ふたつめは、遠くの水をつかもうと腕を伸ばしすぎて、肩が内側に入り手の入水も内側になってしまうケースです。特に肩関節が堅い人や肩甲骨が動かない人は、肩がうまく回らないため、入水する手が頭上になりがちです。そうなると水をとらえるときに指先が外を向いてしまい、外側にかく動作につながるうえ、力も入らなくなってしまうんです。

これらの場合、腕がしっかりと胴体の下を通っているかを、自分の目で確認することが大切です。冷静に見てみると、意外とよけいな動きをしていることに気づくと思います。

SOLUTION

T's Swimming Method

解決

入水を肩の延長線上にして、かきが胴体の下からなるべくはみ出ないようにしましょう

自分の目で入水ポイントと腕のかきを確認しましょう。息つぎのときにストレッチングタイムをとることで、手が外側に開かなくなるでしょう。このとき顔を上げるのではなく、あごを自然に引いて目線だけで追うようにするのがポイントです

入水ポイント

肩の延長線上に自然に入水できているため、指先を外側に開かずにかける

遠くの水をつかもうとして肩が入り、手のひらが外を向いて頭上に入水

腕のかき

カラダの下をかいているため軸が安定し、左右のブレが生じない

外側にかき出しているため、水に伝わる力が一定せず、左右のブレも大きくなる

Point Check

ショルダーラインスイム

まっすぐ泳ぐには、カラダの下からなるべくはみ出ないようにかく必要がある。そのためには入水を肩の延長線上にするべき。前で水をとらえるフロントキャッチを意識すれば、入水ポイントは改善できる

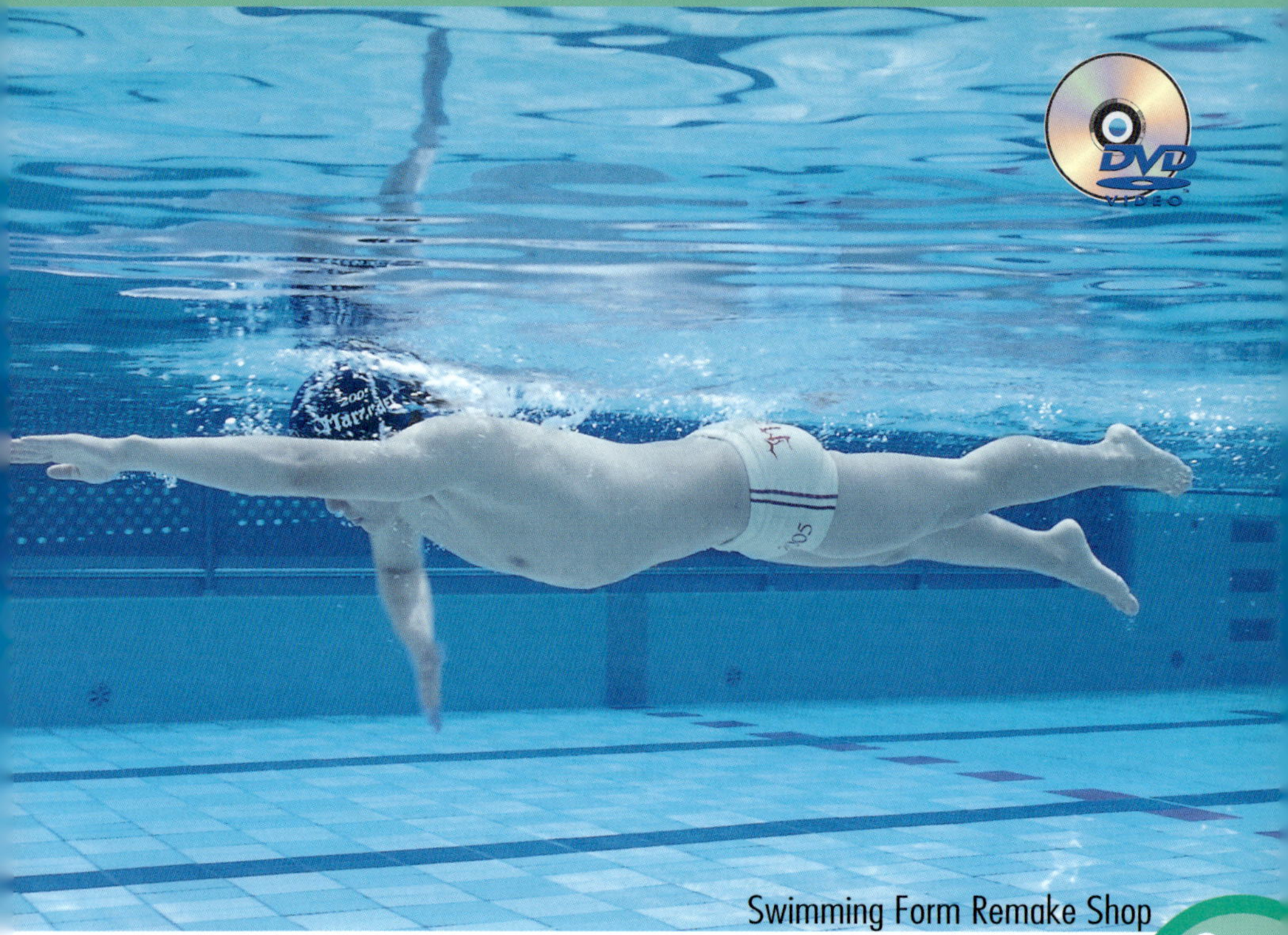

Swimming Form Remake Shop

TROUBLE CASE 9

「ゆっくり」泳いで

疑問

かいているわりに進まない

水中を長くかいているわりには前に進まない、と感じた人はいませんか？　水をしっかりととらえていなければ、いくら長くかいても推進力は得られません。この場合、水をやわらかくとらえる「感触」をつかみましょう。

まず手を入水したら、軽く水をとらえる動き、スカーリングをします。水中で大きなS字を描くと力まかせになりがちで、水をとらえる繊細な感覚はつかめません。指先で軽く水の感触を楽しみながら、水の一粒一粒を集めるようにイメージするといいでしょう。

また腕を前に伸ばしすぎて、肩が前に出るような入水をしている人も推進力は得られません。肩を前に出すとその位置は下がってしまい、そのままかくと水を押さえつけてしまうからです。

腕の入水は頭の20～30㎝くらい前の、肩の延長線上と心がけましょう。カラダはもともと前に進んでいるわけですから、自然に腕を伸ばせば前の水はつかめるのです。

SOLUTION

T's Swimming Method

解決

手の入水位置は肩の延長線にして、水をしっかりとらえましょう

入水ポイントを前にしてストレッチングタイムをとり、
カラダを前の水の上に乗せるようにイメージしましょう

入水ポイント

入水位置は肩の延長線上、頭から20〜30cm前とイメージする

ストレッチングタイム

入水後は腕を伸ばした状態でひと呼吸おくようにストレッチングタイムをとる

前の水に乗る

ストレッチングタイムでしっかり前の水に乗り、指先から丸めこむように水をとらえる

Point Check

フロントスカーリング

水面から20cmくらいの深さで、水をやわらかくとらえる感覚をつかむドリル。ひじの位置を高く保ったまま、手のひらにやや角度をつけて、指先で気持ちよく水を感じよう

Swimming Form Remake Shop

TROUBLE CASE 10

疑問

「ゆっくり」泳いで ローリングしすぎてしまう

「ゆっくり」泳ぐとローリングしすぎる人も多いようです。

クロールでは「カラダに1本の軸があり、そこを中心にローリングする」とよくいわれています。しかし、カラダの中心に1本の細い軸をイメージしてしまうと、カラダがねじれたり、回転しすぎたりして不安定になりやすいのです。また回転しすぎると、かきで力が入りにくくなるんです。これでは水をうまくとらえにくくなります。

軸といっても、胴体を包みこむ太い筒のようなものを頭に描いて、それを左右に少しずつ傾けるようにイメージしながら泳げば、安定感も増してきます。

また息つぎに不安がある人も、ローリングしすぎてしまうようです。これは肩や首が硬くて動かしにくい人に多く見られます。改善するには、「耳のせストレッチングスイム（P35参照）」で楽な息つぎをマスターし、PART3の肩のエクササイズをすれば大きなローリングをせずにすむようになります。

SOLUTION

T's
Swimming
Method

解決

カラダの中心に太い軸をイメージしましょう

カラダの中心に細い軸をイメージすると
体幹をねじった肩だけのローリングになってしまったり、
回転しすぎたりして不安定になってしまいます。
軸はカラダがすっぽり入るくらいの
太いものをイメージしましょう

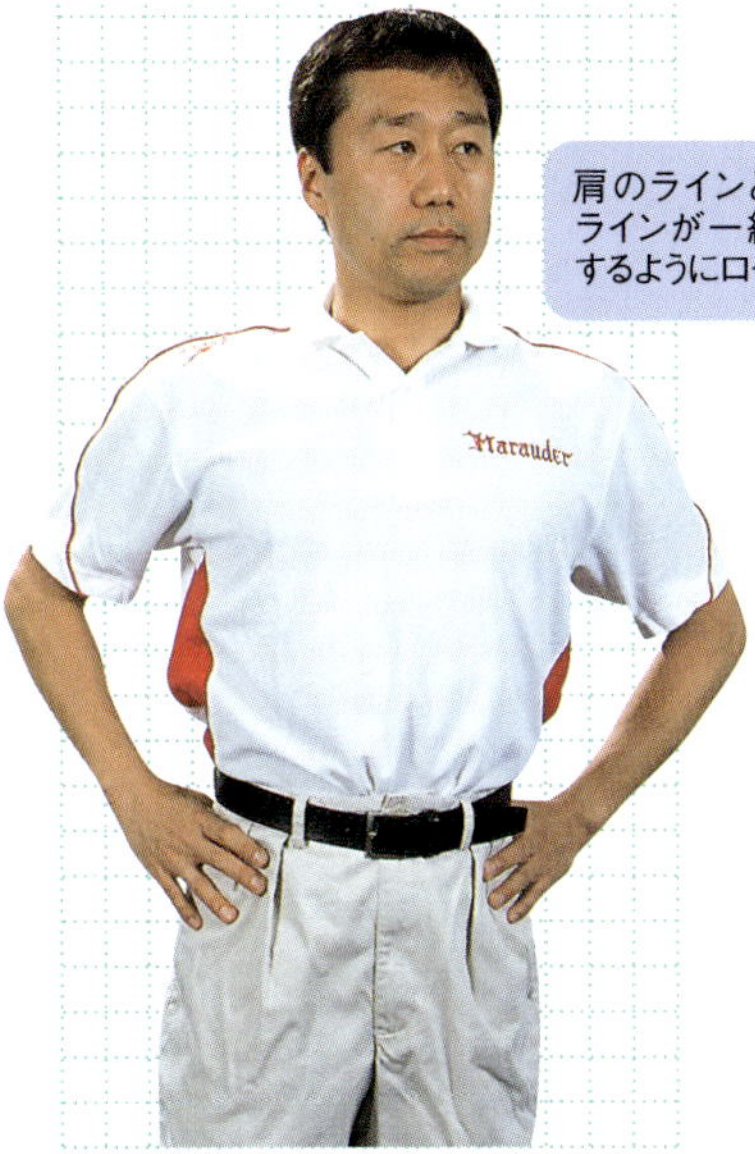

肩のラインと骨盤のラインが一緒に回転するようにローリング

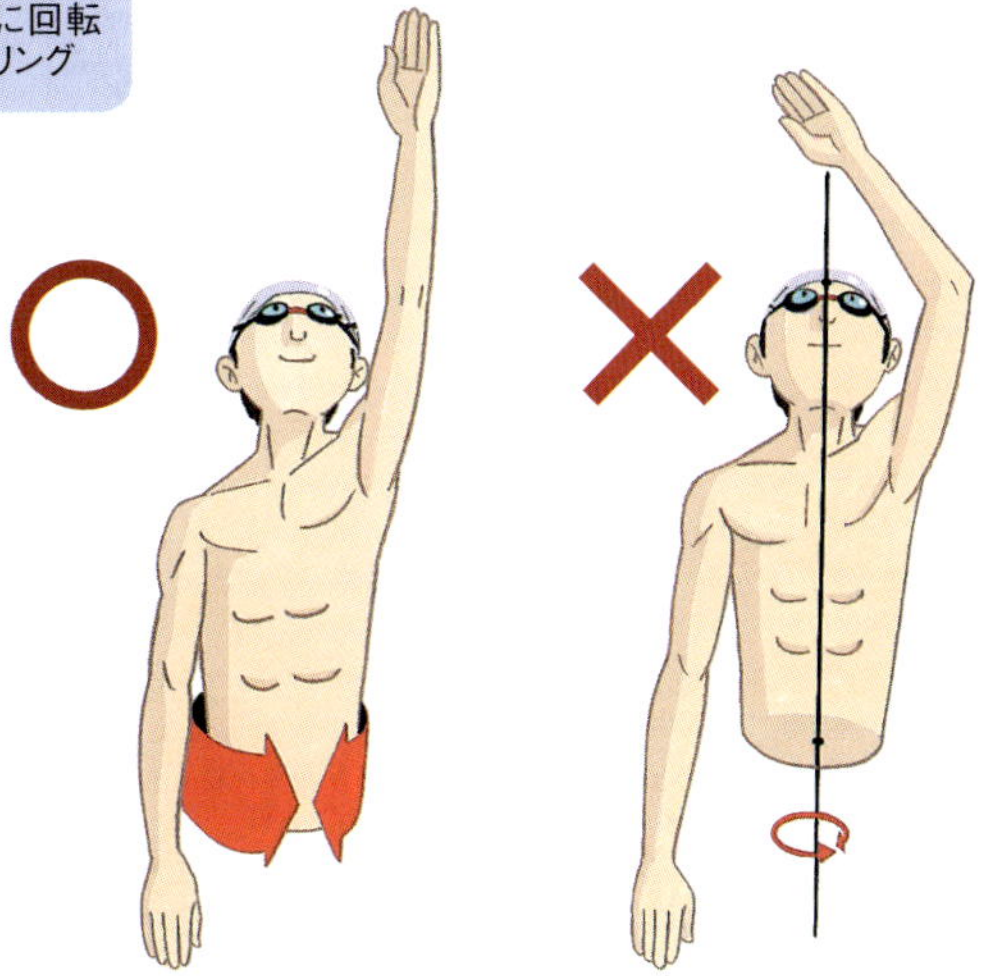

○
×

Point Check

ツイストローリング

体幹に太い軸をイメージして、
カラダを左右に傾ける
腰からのローリングをする。
傾いた状態で首をひねれば
息つぎも楽になる

1
カラダの中心ではなく、カラダそのものが
1本の太い軸になったような感覚を持つ

2
息つぎのときも大きくローリングせず、
軽く左右に傾けるイメージで

Swimming Form Remake Shop

TROUBLE CASE 11

疑問

「ゆっくり」泳いで 手の感触が軽くなった

「ゆっくり」では水平な姿勢を保って、前で水をつかむために浅いところで、なめらかなS字を描くようにかくのが理想です。これを実際にやってみると、スカスカで水をとらえていないように感じた人もいるのではないでしょうか。しかし、それでいいんです。

「もしかしたら進んでいないのでは?」との違和感からか、深いところやカラダの外側などの「重く感じるところ」をかくようになりがちです。しかし、手の感触が重いからといって進むわけではありません。普通に泳いだときよりも25ｍのストローク数が減っていれば、感触は軽くなっていても、しっかりと水をとらえて進むところをかいているので安心してください。

手がすべるような感じでスカスカする人は、水をつかむときに手のひらが後ろを向いた状態にできるかをチェックしましょう。手首だけを曲げるのではなく、カラダを前に乗せて腕全体で大きく水をとらえるようにすると、より効率よくかけるようになるでしょう。

SOLUTION

T's
Swimming
Method

解決

手首をこねずに水をとらえて、なめらかなS字を描きましょう

手のひらが下方向を向くように入水し、
キャッチからプルでは手のひらがしっかりと後ろを向くようにします。
なめらかなS字カーブを描きながら水を包み込みましょう

前で水をとらえやすい浅めのカラダの下をかくため水の抵抗を小さく感じるが、手のひらがしっかり後ろを向いていれば水はとらえられる。指先から大きく丸めこもう

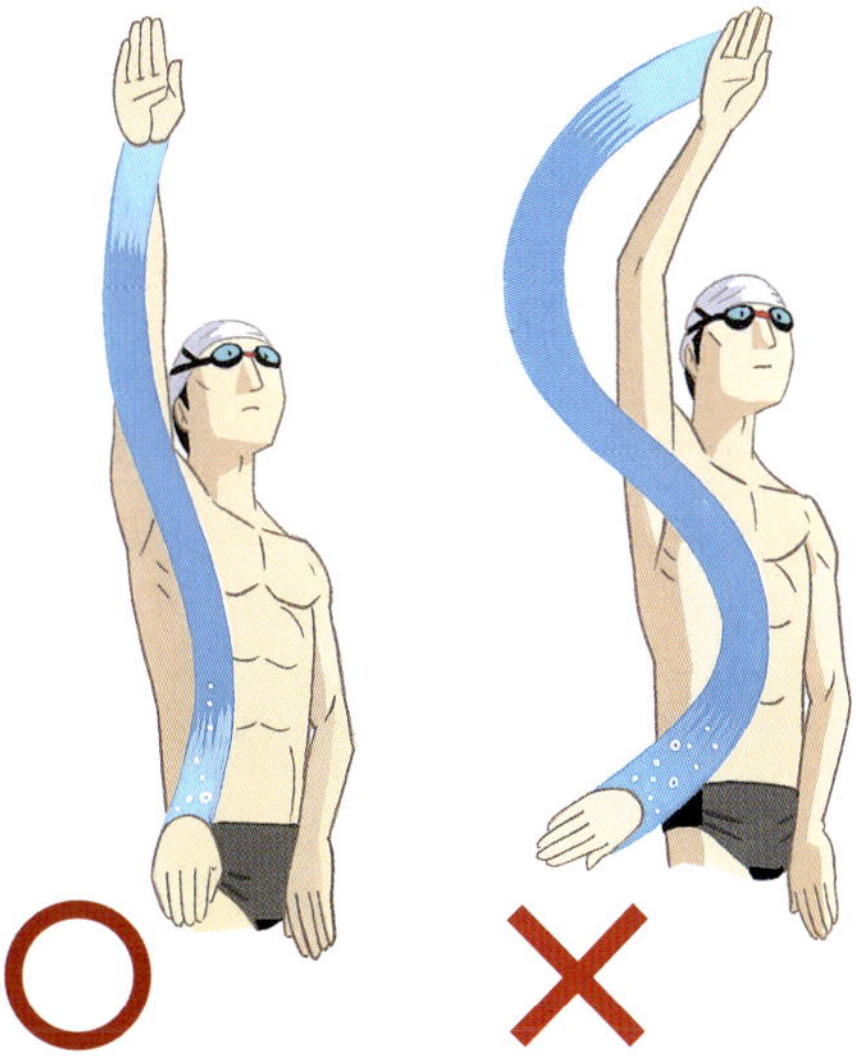

Point Check

フィンガー パドルスカーリング

パドルをつけると水をとらえる感覚がよりはっきりわかる。進むポイントを確認し、カラダに覚え込ませよう

1
フィンガーパドルを使って、片手だけでスカーリングしながら前に進む

2
しっかりと水をとらえる感覚をつかみながら、進むポイントを確認する

Swimming Form Remake Shop

疑問

「ゆっくり」泳いで
TROUBLE CASE 12
後ろまでしっかりかけなくなった

フィニッシュで力強くかききって泳いでいた人にとっては、「ゆっくり」の泳ぎは腕を途中で抜いてしまうようで、最後に水を強く押し出す動きができなくなったと感じるかもしれません。でも、それでいいんです。水中姿勢を水平に保ち、水に「乗っかる」状態をつくっているからこそ、後ろまでかく必要がなくなったと思っていいでしょう。フィニッシュに力を入れないことで、カラダが立たなくなったぶんだけ水の抵抗も減り、スムーズに前に進んでいるのではないでしょうか。

もっともっと水に乗っかり、カラダを前に進めるようなイメージで泳いでみてください。そうすれば、以前よりリラックスして長く泳げるようになった自分に気づくはずです。

ここまできたら、次のステップに挑戦してみましょう。もっとも大切な「水に乗っかる感覚」と「かきで進むのでなくカラダを前に進めるイメージ」がつかめれば、「最新の泳ぎ」をマスターするための準備が整っているといえます。

解決

さあ、もっともっと前を意識して泳いでみましょう

水に乗っかりカラダを進めれば、楽にきれいに長く泳げます

「水に乗っかりカラダを進める」とは、重心を前に乗せていくということです。つまり腕でかいて進むのではなく、カラダを前の水に「乗っける」ということになるんです。だからムリに後ろまでかききる必要もなくなり、カラダへの負担も少なくなります。もっともっと前に乗って、楽にきれいに泳ぎましょう

START for Beginners

Column 1

「飛び込み」は水面の1点からカラダをすべり込ませるイメージです

競泳では、スタートは非常に大切な要素です。しかし一般的には、飛び込み禁止のプールなども多く、なかなか練習できないのも事実です。

飛び込みの初心者によく見られるのが「腹打ち」です。これは入水のときにカラダが水面と平行になったままで、胸やお腹などを水面に打ちつけてしまうことで起こります。飛び込みでは、指先から腕、頭、カラダ、脚の順に水面の1点からカラダをすべり込ませるように入水するのがポイントです。水面に空いた穴をくぐり抜けるようにイメージするとやりやすいでしょう。

練習法としては、最初はスタート台を使わずに、プールサイドにひざまずいて足の指をかけた状態から始め、すべり込むイメージをつかみましょう。

PART 2

トップスイマーの最新テクニックで速くなる

「ゆっくり」をマスターしたら、
トップスイマーも実践している
最新の泳ぎに挑戦しよう!!
スムーズな泳ぎでタイムも上がり、
あなたの水泳観も変わります

「ゆっくり」をマスターしたら最新テクニックを試してみましょう

しっかりとらえた水に乗るイメージでカラダを前に前に移動させます。徹底的にムダをなくした効率のよい泳ぎ、それが「最新の泳ぎ」なんです

「最新の泳ぎ」では、腕の軌道を前にして、ストロークごとに前の水にカラダを乗せ返すように泳ぐことが最大のポイントとなります。ストロークをコンパクトにして、力の入るポイントをかきの前半に持ってくることが大切です。

フィニッシュにポイントをおいて力強くかくと、水平の基本姿勢が崩れカラダが立ってしまいます。また水の抵抗も大きくなり、力まかせの泳ぎになりがちです。水に乗っかってカラダを前に進めることができなくなるので気をつけましょう。

そしてキックは、リズムを刻みながらコンパクトに行うのがポイントです。効率よくスムーズに泳ぐには、キックを深く打つ必要はありません。

カラダを前へ前へ「乗せ返す」イメージで泳ぎましょう

「ゆっくり」で身につくテクニックをチェック

「ゆっくり」泳いでみて、できないものがあればチェック、該当ページに戻ってマスターしよう

□脚が沈まずに水平の姿勢で泳げる
●できない人は→P30
□ストロークと連動したバランスのよいキックが打てる
●できない人は→P32
□変わらずしっかりと息つぎができる
●できない人は→P34
□スピードをある程度保ったまま息つぎできる
●できない人は→P36 or P38
□スピードを落としても安定したフォームで泳げる
●できない人は→P40
□腰が沈まない
●できない人は→P42
□まっすぐに安定して泳げる
●できない人は→P44
□かいたぶんだけしっかり前に進む
●できない人は→P46
□軽いローリングで楽に息つぎできる
●できない人は→P48
□指先で水をとらえている感覚がある
●できない人は→P50

長距離を得意とする選手たちがこれまでやってきた、力よりも効率重視の泳ぎに改良を加え、速く泳ぐために動きのロスをできるだけなくしましょう。効率よく推進力を得ることで疲労をおさえ、より速い泳ぎを実現したのが、この「最新の泳ぎ」なのです。

これから紹介するテクニックをひとつひとつ身につけていけば、泳ぎに対するあなたのイメージは間違いなく変わります。

速く泳ぐためのポイント「ストローク長」

陸上で考えると、長くかいたほうがカラダは前に進みそうですが、水の中ではそうとは限りません。手がすべって水をとらえていなかったり、どこかに大きな水の抵抗がかかっていたりすると、前には進まないのです。手でかいた距離は短くても、そのぶん水をしっかりとらえていれば、ストローク長は長くなります。

速く泳ぐには、かきが大きなポイントになります。そう聞くと、「同じ回数かくなら、前から後ろまで大きくしっかりかいたほうが推進力も大きくなるはず」と思われる人も多いのではないでしょうか。しかし、大きくかいているつもりでも、水が逃げたり、水をとらえられずにすべっていたりでは速くは進めません。

ここでは腕の軌道でなく、ひとかき（両腕で1回ずつかくこと）でカラダが進む距離を考えましょう。競泳では、ひとかきで頭が移動した距離を「ストローク長」と呼んでいます。非常に誤解されやすいのですが、手の軌道円の長さとストローク長は比例しないんです。ストローク長（ひと泳ぐスピードは、ストローク長（ひと

ストローク長とは、左右ひとかきでカラダが移動する距離です

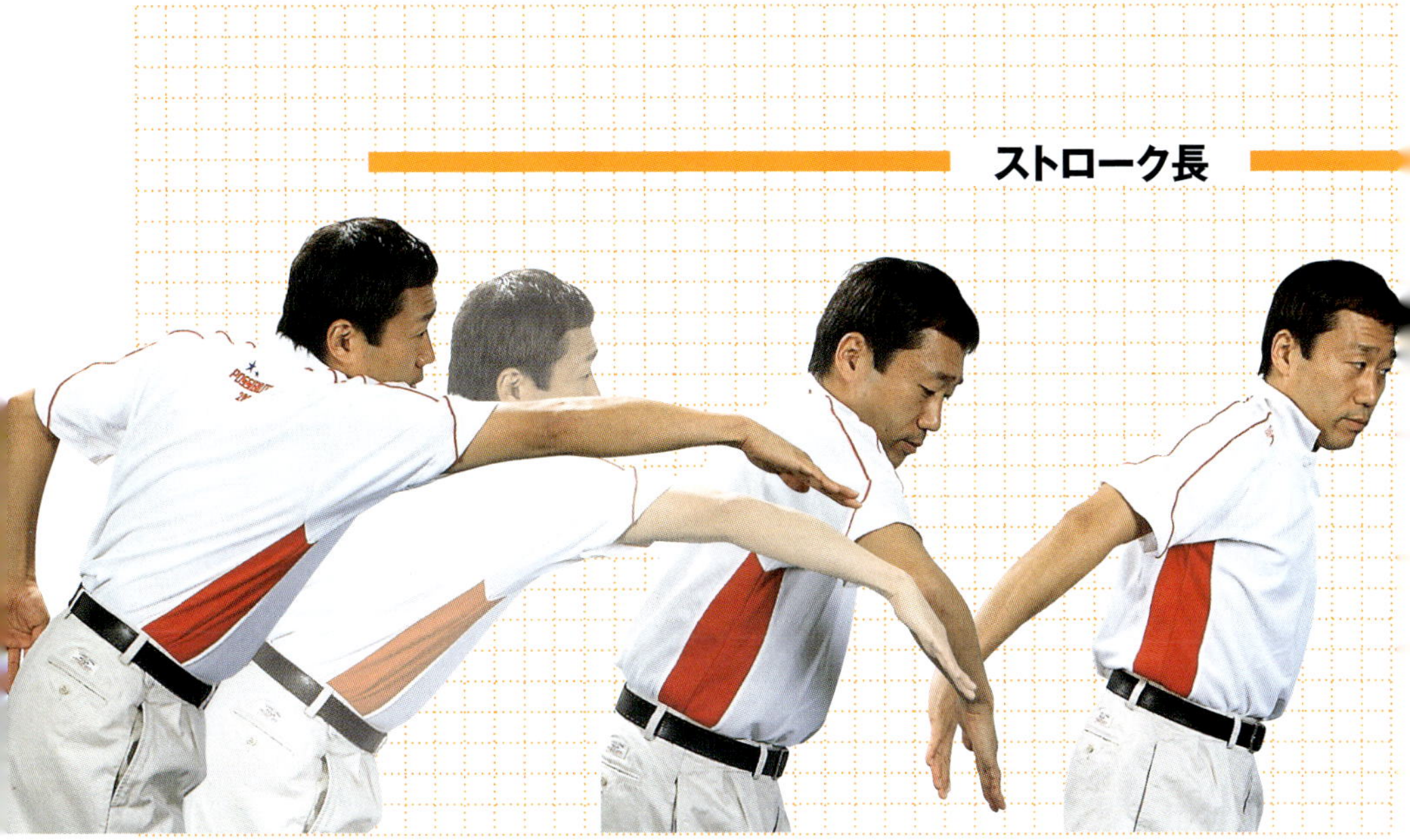

かきの効率）と回転数（泳ぐテンポ）で決まります。

速く泳ぐためには、

①テンポを上げる

②ストローク長を伸ばす

③その両方

の3種類なのです。手で水をかいた長さはスピードに関係ないことをしっかり覚えておきましょう。

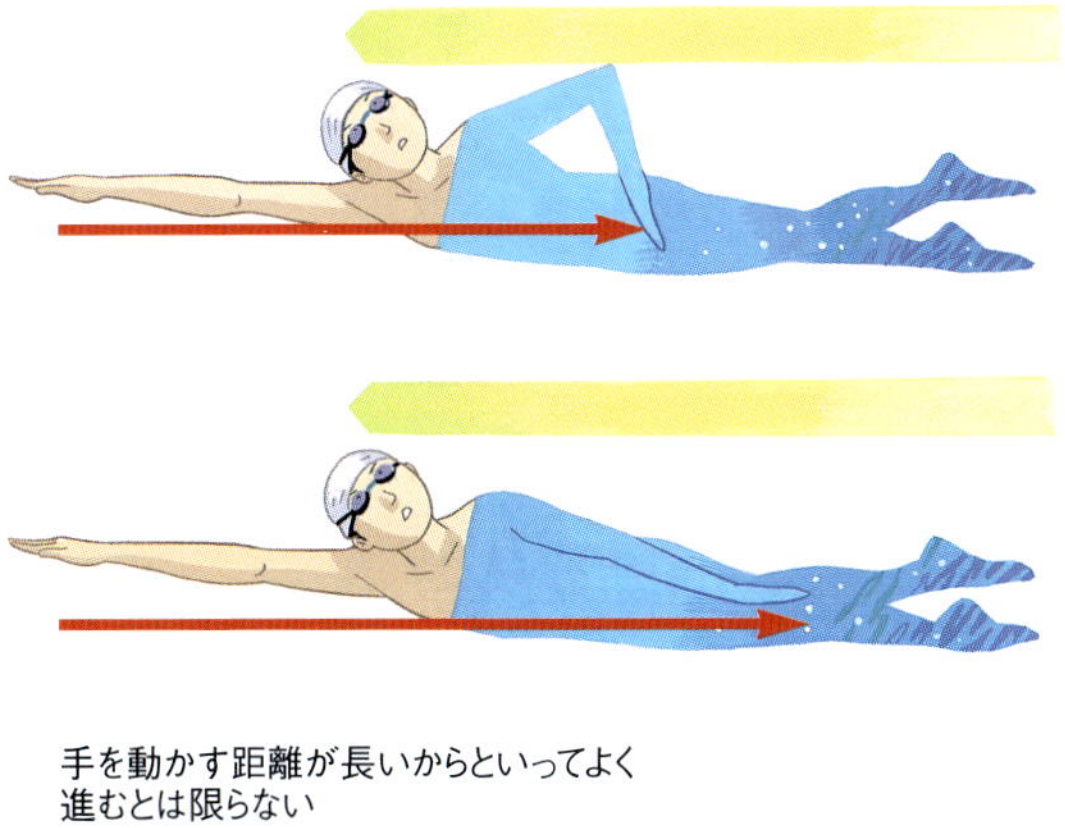

手を動かす距離が長いからといってよく進むとは限らない

これが最新の泳ぎです

1
フィニッシュは小さく、腰をすぎたら手を抜くイメージで

2
キックと腕のかきで前の水にカラダを乗せ返しながら進む

3 キックはコンパクトに、両脚で水を挟みこむようなイメージ

4 フロントキャッチでひじを立て、カラダの下をかく

Challenge the Latest Technique

Chapter 1

肩の延長線上に入水し、前の水に指先を引っかける

速く泳ぐためにまず大切なのが、手が入水する位置です。この位置によって、ストロークの軌道も変わってきます。手が内側に入りすぎると、手のひらは外側を向き、頭の上に入水してしまいます。そのまま水をつかもうとすると、一度大きく外側にかくことになるんです。これでは、もっとも力の入るカラダの下をかけなくなってしまいます。

速く泳ぐときも、入水は肩の延長線上、頭より20㎝程度前のイメージを大切にしましょう。このとき速く泳ぐためのキャッチにスムーズに移行するためにも、手のひらは下方向を向いていることが大切です。

入水後は、指先をやわらかく使って、前にある水を「引っかける」ようにしましょう。この「引っかける」感覚は、PART1で紹介した水平な水中姿勢で「水に乗っかる」ことで得られます。この感覚がつかめない場合は、P.11の「水に乗っかる」も確認してみて下さい。「引っかける」感覚がつかみやすくなります。

肩の延長線上に指先から入水するのがベストです

最新の泳ぎでは、肩の延長線上に入水することが大切です。入水の位置で、かき始めの方向が左右されてしまいます。ここでスピードダウンしないよう気をつけましょう

カラダを前の水に乗せるようにして、肩の延長線上に入水

入水後は指先を、前にある水に引っかけるようにしましょう

手のひらを下方向に向けて入水し、指先を前にある水に引っかけるようなイメージを持つことで、しっかり水をとらえて進むストロークができるんです

入水後は指先で水をやわらかく丸めこむようにとらえる

Challenge the Latest Technique
Chapter 2

「フロントキャッチ」では、ひじを立てて水をとらえる

手の入水からかき始めでは、ひじに適度なアソビをつくって、ひじ頭が上を向くようにすることが大切です。そうすることでひじの動きがやわらかくなり、カラダを前に乗っけて進めるための水を、包み込むような動きがしやすくなるんです。

しかし腕が伸びきってしまうと、ひじの関節はロックされてしまいます。このロックを解除しないと「ひじが立った」キャッチには入れないのです。腕が伸びきった状態からひじを立たせようとすると、どうしても腕は下がってしまいます。これでは水をとらえるポイントが遅れ、効率的なかきができません。

ですから腕は自然に伸ばし、肩甲骨を使って（P94参照）前でキャッチする「フロントキャッチ」の感覚を身につけましょう。このとき腕に力を入れるのではなく、指先に体重を乗せるようにすると、水に引っかかる感覚がつかみやすいんです。特に大事なのが、親指、人差し指、中指の3本です。このときは手をカラダに引き寄せるというより、手の上にカラダを乗せ

「最新の泳ぎ」は、カラダの下をかくことで効率よく推進力を得ます。そのためにもスムーズなフロントキャッチが大切です。ひじにアソビをつくり、ひじが上を向く「立った」状態で、カラダを乗っけるための水をとらえるように心がけましょう

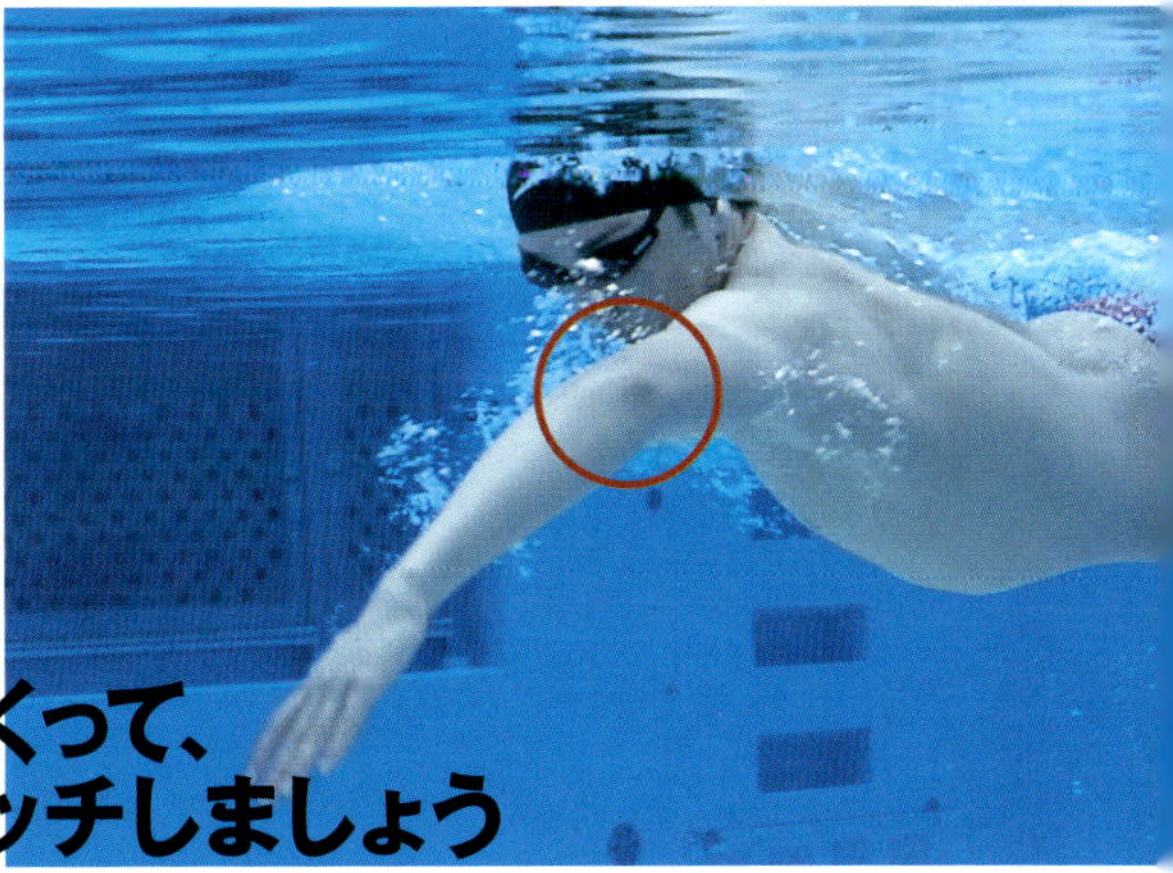

ひじにアソビをつくって、ひじを立ててキャッチしましょう

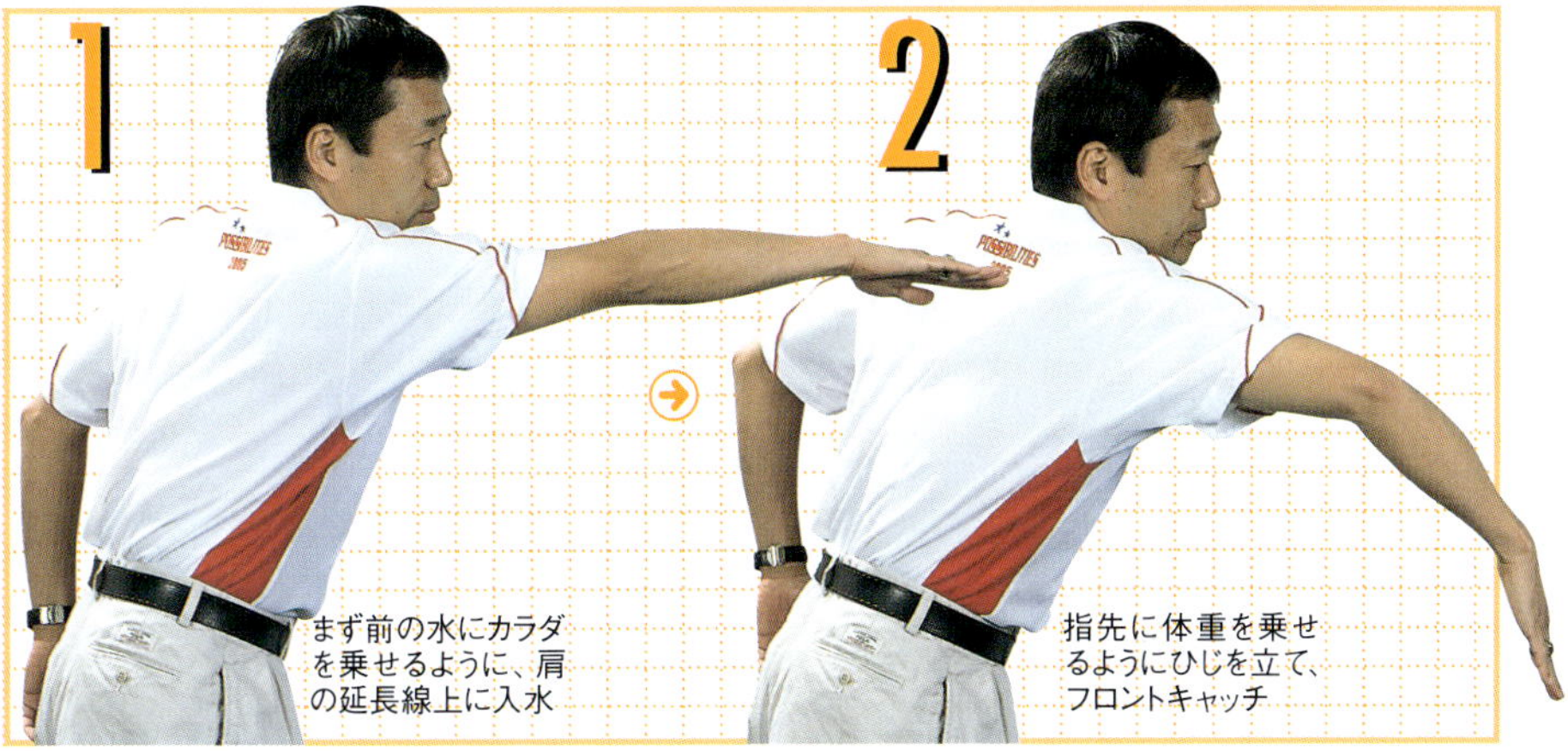

1 まず前の水にカラダを乗せるように、肩の延長線上に入水

2 指先に体重を乗せるようにひじを立て、フロントキャッチ

ロックさせていないから、効率よく水をとらえられるんです

ひじを立て、ロックさせずに水をとらえているので、すぐにカラダの下をかけます

ていくようなイメージを持ちましょう。新しい泳ぎでは、前のほうでかいてどんどん前に突っこんでいくイメージが大切です。これを実現するためにも、フロントキャッチをもっと意識しましょう。

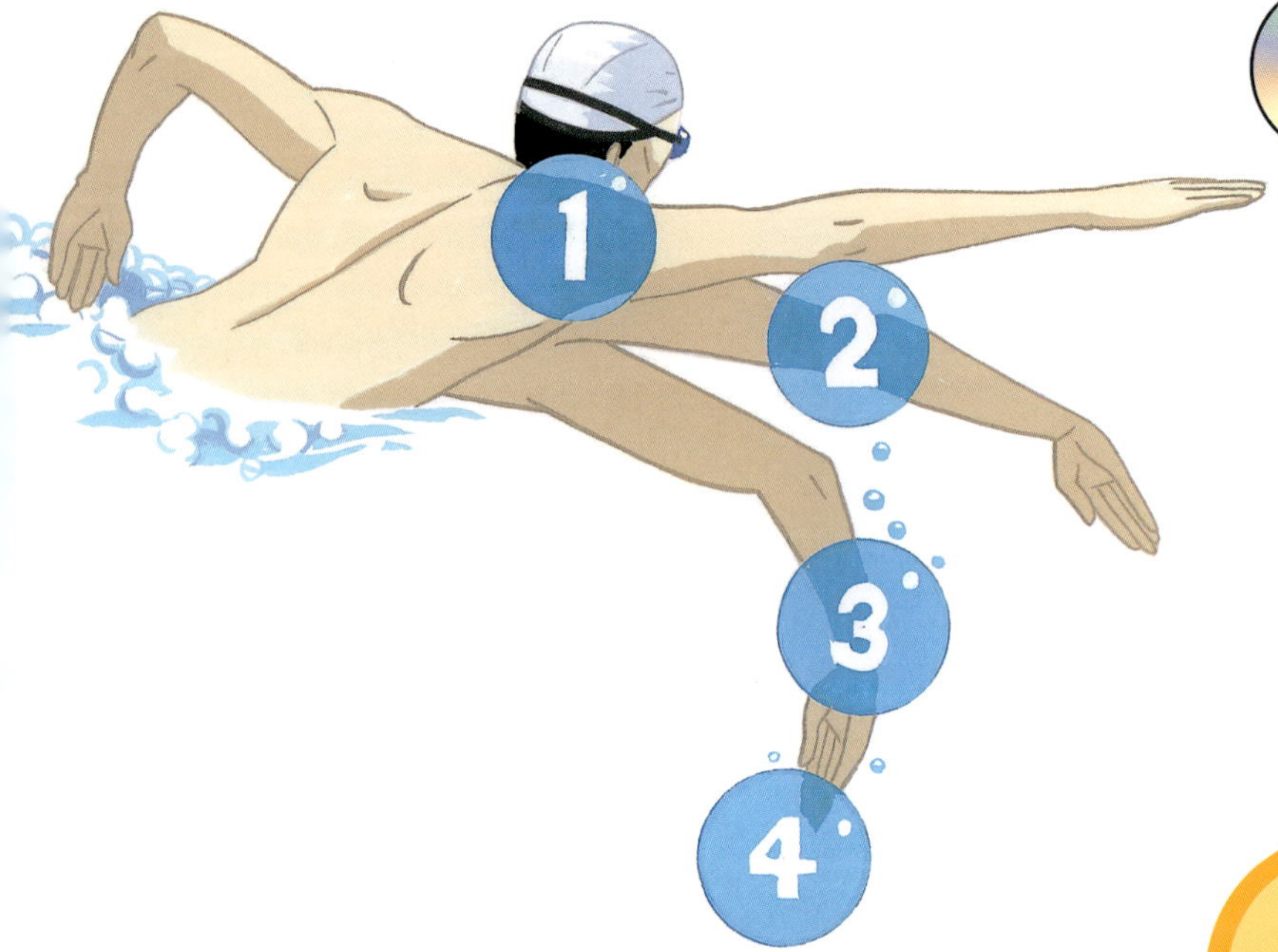

Challenge the Latest Technique
Chapter 3

腕全体で水を丸めこみ、そこに乗っかって前に進む

ストロークでは、指先に全体重を乗せ、そこが動かないように腕全体で水を丸めこんで進むイメージが大切です。指先に全体重を乗せるために、キャッチでは肩をいちばん高くし、肩→ひじ→手首→指先の順で下がっていく形を意識しましょう。肩が下がると、ひじが落ちて効率よく水に力を伝える形がつくれなくなるので、位置は高く保ちましょう。

水泳は、水の抵抗を力でかき分けて進んでいくものではありません。水に力を的確に伝え、すべらないようカラダを前に移動させているのです。そのためには、入水後早めに手のひらを後ろに向け、前の水を引っかけましょう。釣りと同じで、引っかかったら強く引きます。最新の泳ぎでは、それを基点に前へ重心移動させます。

カラダが前に乗っていない状態で強くつかもうとすると、水は逃げてしまいます。ひじを軽く曲げてアソビを持たせ、なるべく早くひじを立てた状態で水に力を伝えられるようにしましょう。

指先→手のひら→前腕→腕全体の順で、全体重を乗せるように水をとらえていきましょう

入水からプルにかけては①指先→②手のひら→③前腕→④腕全体の順に水を丸めこみます。カラダが前の水に乗っているから、水をしっかりとらえられるんです

1

指先→手首→ひじ→肩の順に入水するためにカラダ全体を前の水に乗せる

2

左手に重心を乗せるように前に進む

3

左腕全体で水を丸めこみながら、右手の入水に合わせて体重を右側に乗せ返す

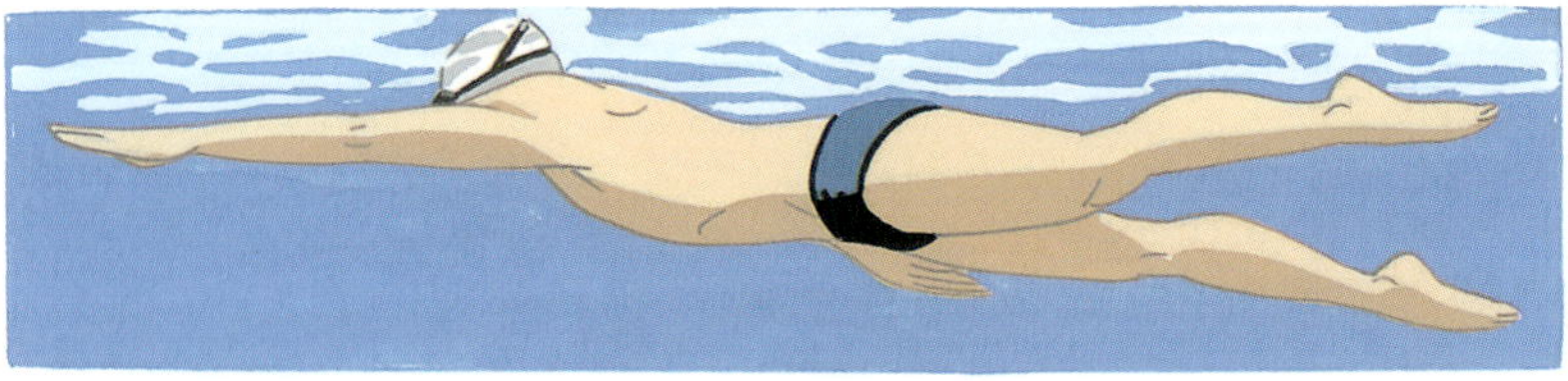

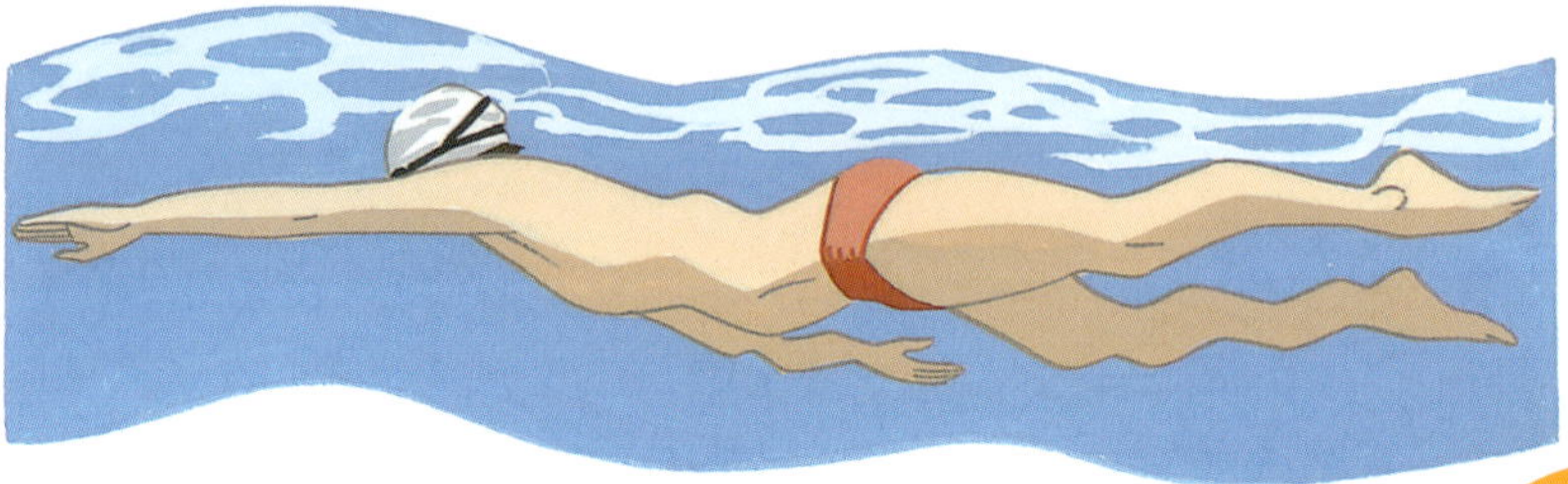

Challenge the Latest Technique
Chapter 4

体幹（コア）を安定させて、かきやキックの力を生かす

カラダを前に乗せて進む「最新の泳ぎ」で大切なのが、正しい水中姿勢です。これを維持するには、体幹部の安定が必要になります。体幹がしっかりしていないと、かきやキックの力が生かせず、推進力につながりません。そこでおへその下あたりに力を入れておけば背すじが伸び、太ももの裏に力が入り、下半身を持ち上げておけます。これを「腹圧」と呼びます。この腹圧を入れるには、多少の慣れとテクニックが必要なので、まずは立った姿勢で練習してみましょう。腹筋全体に力を入れるのではなく、お腹の下だけに圧を入れることで、背すじの伸びが体感できるでしょう。

腹圧を入れたまま息を吸うのは簡単でも、吐くときにそれを保つのはむずかしいものです。腹圧のチェックおよびトレーニング方法は、P112で紹介しています。トップスイマーはこれを常にやっていますが、慣れないうちは腹圧を入れたまま泳ぎ続けるのは大変です。速く泳ぐためにがんばってみましょう。

腹圧を入れることで、水中姿勢が安定します

腹圧を入れると背すじがピンとして、太ももの裏にも力が入るので、水中姿勢が安定します

力を「強くする」のではなく、「維持できる」ようにしましょう

PART3でも紹介している腹圧のエクササイズでは、筋力をつけるのではなく、力を入れた状態を長時間維持できるようになるのが目的です

Challenge the Latest Technique

Chapter 5

力を発揮しやすい浅めの体幹の下をかく

人間の腕は、胴体に近いほど強い力が出せる構造になっています。これは、水を入れたバケツを持ってみると実感しやすいでしょう。バケツを持った腕は、前に伸ばすほど重く感じ、同じ重さにもかかわらず曲げるほど軽く感じます。このようにカラダから離れるほど、腕は力を発揮できなくなるのです。

また腕を外側に「押し出す」よりも、カラダの中心に向かって「引きつける」ほうが力を発揮できます。ですから、速く泳ぐためにはなるべくカラダの近くでかくようにすることが大切です。

かき始めの方向も、一度カラダの外側に向かってかき出して戻すより、カラダの近くで体幹の下をかくほうが効率よく推進力につながるんです。

そのためには、手の向きを自然に下方向に入水させ、肩を内側に入れずにひじを立てましょう。入水直後から大胸筋などの、力の強い大きな筋肉を使ってカラダの下をかけます。大きな筋肉を使えば、楽に水に力を伝え続けられるんです。

同じ負荷であれば、カラダ近くのほうが軽く感じるんです

同じ量の水が入ったバケツを持ったときに、腕を伸ばして遠くに持つのと、腕を曲げて近くに持つのとでは感じる重さも大きく異なります。腕を支えるのに使われる筋肉も変わってきますが、カラダの近くで持ったほうがかなり軽く感じることは事実です

カラダの下、カラダの近くをかけば、もっとも効率よく推進力につなげられます

手のかきをもっとも効率よく推進力につなげるには、しっかりと水をとらえたうえで、カラダの下の浅いところをかくのがいいんです。深いところより力を発揮しやすくなるからです。手の感触が重いところが進むとは限りません

ストロークに使われる筋肉

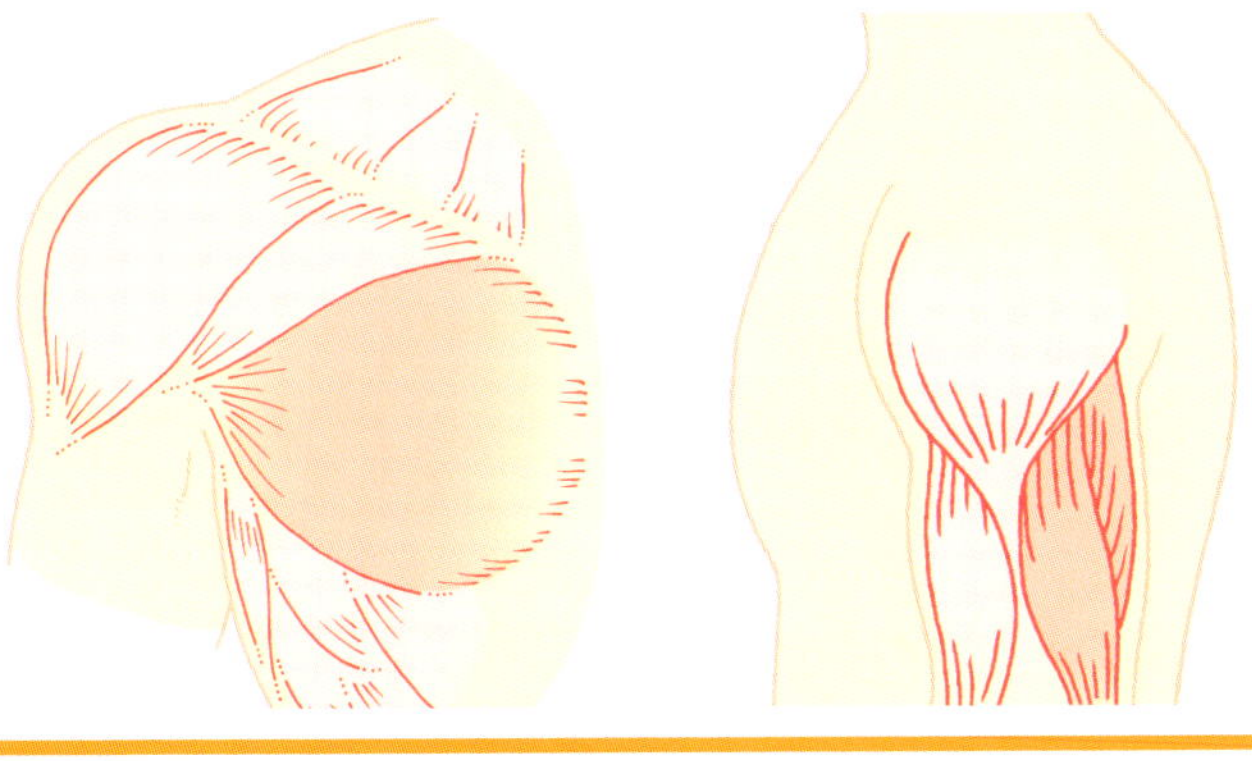

「最新の泳ぎ」のストロークのポイントは前。ポイントで使われる筋肉は大きく力の強い大胸筋（図左）。

従来の泳ぎで、ポイントとなるフィニッシュで使われるのは上腕三頭筋（図右）。

Challenge the Latest Technique
Chapter 6

息つぎのタイミングを早くして、顔をすばやく戻す

速く泳ぐには、息つぎのタイミングも重要な要素のひとつです。最新の泳ぎでは、入水のときに腕が落ちないようにして、前にカラダを乗せていきます。このとき、呼吸はすばやく、タイミングも早めに行いましょう。腕を水から上げる前に顔を上げて呼吸し、その腕の入水より先に顔を戻すのが最新式です。これによって息つぎと逆側の腕のかきがしっかりできます。息つぎでの横向きの体勢では、肩が入りひじがロックしやすいので、力が入らないかきになりがちです。

手の入水前に顔が戻って前を向いていれば、胸や腕の筋肉を効率的に使いやすくなります。また、早いタイミングで左右の腕に重心を乗せ返すように動くので、前に伸ばした腕も水に沈む時間がなくなるのです。

うまくできるタイミングは、片方の腕が入水、もう一方はプルで胸の下あたりをかいていて、そのときに息つぎをスタートする、と覚えましょう。これであなたの泳ぎは、またひとつ進化します。

カラダが下を向いた状態が、いちばんかきに力が入るんです

息つぎのタイミングを早くし、顔を前に向けてかくのがポイントです

息つぎ側の腕がまだ水上にある状態で顔を前に戻す。このとき右腕は水中でキャッチに入っている

1 フィニッシュの前に息つぎ動作を始める

2 ひじが上がったときに顔を前に向けるよう、すばやく息つぎをする

3 右腕がかきに入る時点では、顔が前を向いていることが大切

NG

後ろまでかききって顔を上げるとローリングも大きくなり、効率的な泳ぎができない

Challenge the Latest Technique

Chapter 7

水を挟みこむようにキックし、重心を前に「乗せ返す」

　速く泳ぐためのキックは、蹴るときだけでなく蹴り戻しにもポイントをおいています。また腕の動き同様、キックでもカラダを前に乗っけるイメージを持つことが大切です。

　キックの戻しがきちんとできないと、左右のバランスが崩れるだけでなく、キックもしっかり打てません。蹴り幅は小さくても、的確にキックすることが大切なのです。バランスのとれたすばやい蹴り上げと蹴り下げができれば、水を両脚で挟みこむときに安定するため、大きな推進力が得られ、カラダを前に進められるんです。ということは、この泳ぎの最大のポイントでもある前に「乗っける」動きも助けられます。つまり効率のよいキックによってポイントがさらに前に移り、泳ぎもパワーアップできるのです。

　右で蹴り下ろしたら、その勢いで重心を前に乗せながら左手を入水しましょう。左右の軸を「乗せ返す」ことでスピードが保て、次のかきに勢いがつきます。脚の蹴り戻しを重視したキックでは、脚の

ストロークに合わせてタイミングよくキックしましょう

蹴り下ろすのではなく、水を挟みこむイメージで
リズムを刻みながらキックするのがポイントです

左手の入水に合わせて右足のキックをする。このとき左足の蹴り戻しを意識し、水を挟みこむイメージで行うことが大切

右手の入水のときに左足のキック。蹴り幅が大きくなりすぎないよう注意しよう

裏側の筋力の強化も大切になってきます。しっかりトレーニングやストレッチをして、水を上下から挟みこむ力強い脚の動きを手に入れましょう。

カラダを前に「乗せ返す」イメージでキックしていきましょう

ストロークに合わせて、キックでも前に乗せ返します

キックのパワーで上体を前の水に乗っけて、次のストロークにつなげる

Challenge the Latest Technique

Chapter 8

フィニッシュは、重心を左右に「乗せ返す」イメージで

最新の泳ぎでは、アイススケートの脚の動きのように、ストロークのたびにカラダを右、左と、前に前に乗せ返し、重心をつねに前にキープして効率よくスピードアップしていきます。P74では、重心を前に前に移動させるように左右のキックで乗せ返すイメージをつくりました。ここではひとかきでより効率的に前へカラダを運ぶために、フィニッシュのタイミングを合わせてみましょう。キックと同じ側の腕で、キックに合わせてフィニッシュするだけです。もちろんフィニッシュは腰のあたりで行う最新式です。このタイミングがピッタリ合うと、ひとかきで進むスピードが大きく上がります。これを左右でくり返し、前へ前へ重心を乗せ返していけば、驚くほど速く泳げるようになるでしょう。

重心が前にあるほど少ない力で前に進みます。つまり、重心が後ろにあるカラダをがんばって引っ張るためにハードなトレーニングをするより、まずは重心移動の練習をしたほうが効率がよいといえるのです。

重心の位置と推進力

紙でできた箱にタイヤをつけ、重りを進行方向の前と後ろに置いて押す実験。同じ力で箱を押すと、前に重りを置いた場合のほうがあきらかに長く進む。

フィニッシュで前に乗せ返すイメージです

腰のあたりをすぎたら手を抜いてしまえば、前を意識した泳ぎができる

手を太ももの横までかききると、前に乗せ返す泳ぎができなくなる

ヘッドアップドリル

意識を前に持ってくるために、顔を前に向けて泳ぐヘッドアップドリルをやってみましょう

ヘッドアップでは、フィニッシュでかききっていては沈んでしまう

腰のあたりですばやく手を引き抜いていけば、前を意識した泳ぎになる

Challenge the Latest Technique

Chapter 9

ストロークでは「前回し」を意識する

効率よく速く泳ぐために、ストローク長（ひとかきでカラダが前に進む距離）を伸ばしていきましょう。従来のフィニッシュを重視した泳ぎから一転して、重心を前に持ってくることでストロークのムダをなくし、ひとかきで進むスピードと距離がアップする泳ぎになります。さらに、前の水にカラダを乗せて進むので、横から見た腕の軌道円がコンパクトになり、その位置も前になってきます。

とはいえ、ストローク数が増えるわけではありません。ひとかきでの移動が大きいので、つねに速く進みながら前の水をとらえられるからです。

重心を前に移動させ、力の入る部分で効率よくグッと水をとらえて前に進むのがこの泳ぎのポイントです。そのためにはカラダの中心を軸にした回転運動でなく、左右の肩のラインに2本の軸をつくって左右交互にカラダを乗せ返すようなイメージが大切です。これは左右の軸を交互に使って前に乗せ返してグングン進む、まったく新しい泳ぎなんです。

カラダの動きのポイントとなる部分に軸をつくることで、泳ぎも安定するんです

「最新の泳ぎ」では、カラダの左右に2本の軸をつくって、体重を前に乗せ返していくのがポイントです。軸となるのは肩のラインになります。肩→乳首→足の付け根→ひざ、となります。そして入水位置を肩の延長線上にすることで、安定した2軸の泳ぎが可能になるんです

左右に2本の軸をつくり、交互に重心を移し前に前に乗っていきましょう

前に前にカラダを乗せ返すには、体幹に2本の軸を意識することが大切。左右の軸を交互に前に前に乗せ返すようなイメージを持ちましょう

ストロークだけでなく、キックも使ってこの軸にカラダを乗せ返す

カラダの左の軸を基点として右の軸を前に持ってくるよう重心移動

左右の乳首を通るラインを軸に体重を乗せ返す

「最新の泳ぎ」9つのポイント

「最新の泳ぎ」をするためのテクニックをもう一度確認しておきましょう。いいイメージをもって、ダイナミックな泳ぎを実現してください

1 肩の延長線上に入水し、前の水に指先を引っかける

P62

2 「フロントキャッチ」では、ひじを立てて水をとらえる

P64

3 腕全体で水を丸めこみ、そこに乗っかって前に進む

P66

4 体幹（コア）を安定させて、かきやキックの力を生かす

P68

5 力を発揮しやすい浅めの体幹の下をかく

→P70

6 息つぎのタイミングを早くして、顔をすばやく戻す

→P72

7 水を挟みこむようにキックし、重心を前に「乗せ返す」

P74

8 フィニッシュは、左右の重心を「乗せ返す」イメージで

P76

9 ストロークでは「前回し」を意識する

P78

腕と脚の動きは「入水は対角に、ポイントでは同軸に」と覚えましょう

「最新の泳ぎ」に必要なテクニックを覚えたら、
全身の動きをリズムよく連動させるために
コンビネーションドリルを試してみてください。
ストロークに合わせてタイミングよくキックを打って、
しっかりと「前に乗る」動きを身につけましょう

右手でフロントキャッチ、左手の入水に備えて右足がキックに入るところ

Appendix
COMBINATION DRILL

2ビート ヘッドアップ

キックを入れたときに逆軸の手が入水できるよう、タイミングを意識しよう。顔を前に向けているぶんだけ水の抵抗も大きくなり、下半身も沈みやすくなるので、前へ前へ乗っかっていく練習になる

①手の入水はキックと対角です

効率よくカラダを前に進めるために、左足のキックで重心を前に乗せてそのまま右手を入水、というようにタイミングを合わせましょう。前に前に乗っけていくことで、カラダはどんどん進みます

②ポイントでは同軸を使います

かきで水をとらえたポイントで同軸の脚でキックを入れると、2つの推進力が重なり大きく進みます。これを逆側の軸でも行うために、乗せ返していくんです

左脚のキックのリズムに合わせて右手の入水。カラダを前の水に乗せる

右脚のキックで左手が入水。ストレッチングタイムをとってゆったり泳ぐ

アクセントとなる右脚のファーストキック(「ズン」)で左手を入水させる

Appendix 2 COMBINATION DRILL

6ビートヘッドアップ

6ビートのキックで、顔を上げたまま泳ぐドリル。コンパクトなキックで、ストロークに合わせて「ズン、タッ、タ」のリズムでメリハリをつける。負荷が強くなるから、前へ前へ乗っかる動きを身につけられる

顔を前に向けているぶんカラダを下に向けやすい。小さめのローリングを意識

いちばん効率的に水をとらえられる部分はどこかを考えながらかく

Appendix 3 COMBINATION DRILL

スプリントドッグパドル

ドッグパドルとは「犬かき」のこと。犬かきのようにしてカラダの下をかくためのドリル。顔を上げて負荷をかけているため、腕をすばやく前に戻す「前回し」が身につく。フィニッシュを小さくするのがポイント

左手のフロントキャッチからプルにかけて右脚のキック(「タ」)が入る

左手の入水からフロントキャッチにかけて左脚のキック(「タッ」)が入る

コンパクトなフィニッシュで前に前に重心を乗せ返すようにやってみよう

しっかりと水をとらえるため、入水後に早めに手のひらを後ろに向ける

カラダをまっすぐに保つ。姿勢が悪いとよいキックができても上下にブレてしまう

Appendix
PERFECT TURN STEP

カラダをしっかり丸め、両脚でまっすぐにカベを蹴る

レース中に一気に泳ぎのペースが変わってしまうのがターンです。それだけにいかにスピードを落とさず効率よいターンをできるかが、ポイントとなってきます。ここで重要となるのが、ターンに入るときの姿勢とカベの蹴り方です。まずはターン後にカラダを反転させない形で、ターンに入る姿勢とカベの蹴り方を身につけましょう。

最初はターンに入る姿勢です。両手でかいたら軽くドルフィンキックをし、しっかり丸くなってターンに入りましょう。脚が伸びたままでは、カベを蹴る力が弱くなるだけでなく、回るときにも水の抵抗を受けてしまいます。距離のとり

スタンスは肩幅程度。カベについた左右の足が平行になるように心がけよう
キックはまっすぐに行う。上や下に蹴ってしまわないように注意しよう
しっかりと両腕を伸ばして、水の抵抗が少ないストリームラインをとる

方は、泳ぐスピードによっても変わってきます。しっかりと練習してつかんでおきましょう。

カベを蹴るときは両手を頭上に持っていき、カベに対して垂直に蹴るようにします。上や下に蹴ってしまうと、進行方向にまっすぐな推進力につながりません。胸を水面に向けて両腕を伸ばしながら、まっすぐ蹴る練習をしましょう。

カベの水面近くを蹴ってしまうと、カラダは沈んでいってしまう

水中で徐々にカラダを回転させて、横向きになるようにしよう

横向きができるようになったら、一連の流れで下を向くところまでやってみよう

Appendix 2
PERFECT TURN STEP

カベをまっすぐに蹴った後で、カラダの向きを変えるのがポイント

カベを蹴るときにカラダをねじってキックしてしまうとキックが効率よく推進力につながらなくなる

カベを蹴るときは左右の足を平行にし、両足の裏がしっかりついてから蹴る

上下、左右にズレないように、まっすぐ上を向いたまま蹴り出そう

カラダを上に向けたままのターンができるようになったら、ターン後にカラダを横に向ける練習をしてみましょう。

このときもカベを蹴る時点では胸は上に向けておくことが大切です。両足のスタンスを肩幅程度に保ち、左右の足を平行について、進行方向に向かってまっすぐに蹴り出すことを心がけましょう。

カラダをねじりながらカベを蹴る人をよく見かけますが、それではカベを蹴った力をそのまま推進力につなげられなくなってしまいます。ターン後にすばやくカラダを下に向けたい気持ちはわかりますが、まずは上向きでまっすぐにカベを蹴り、水中で徐々にカラダの向きを変えていくのがロスの少ないターンなんです。練習してみてください。

ふだんの練習でコースを左回りに使っていることもあって、カベを蹴るときに右に出やすい人が多いようです。上下と同様に左右にズレが出てしまうのもタイムロスにつながります。まっすぐ蹴れるよう練習しておきましょう。

START for Intermediates

Column 2

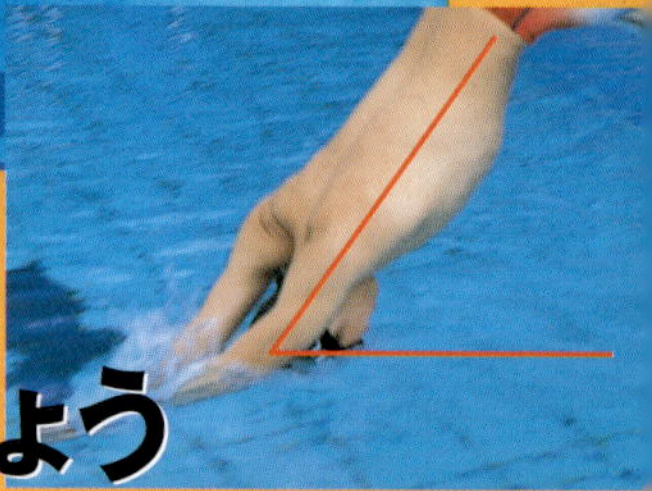

「飛び込み」では、高く跳ぶのではなく、前に跳ぶように心がけましょう

レースでの飛び込みでよく目にする失敗は、深く潜りすぎて水面に出るまでに時間がかかり、タイムロスが生じてしまうことです。スタートで高く跳び上がって水中にすべり込み、カラダをまっすぐに伸ばしたストリームラインをとって水中をスーッと進むのは気持ちのいいことです。

しかし、気持ちがいいから速く泳げるわけではありません。水面に出るのが遅れ、他の泳者のかき始めに合わせてあせって水中からかき始めてしまうと、カラダ半分は差がついてしまいます。

深く潜ってしまいがちな人は、スタートで高くジャンプすることが多いようです。高く跳べば跳ぶほど、入水角度が大きくなり、深く潜ってしまうのです。スタートでは、上に高く跳ぶのではなく、前に跳ぶような意識で飛び込むようにしましょう。水面からスタート台までの高さやスタート台の角度は会場によっても異なります。レース前までに必ず確認しておきましょう。

PART 3

エクササイズ＆ストレッチで速くなる

「最新の泳ぎ」をマスターするために、
泳ぎに必要な動きがスムーズにできるように、
エクササイズ＆ストレッチで
カラダをチューンナップしていきましょう

「最新の泳ぎ」を実現するエクササイズのポイント

スポーツにおけるトレーニングといってもいろいろあります。筋力をつけるためのウエイトトレーニングから、一般にストレッチと呼ばれているフレキシビリティトレーニングまで用途も幅広くさまざまです。トレーニングというとウエイトやマシンを使ったハードなイメージがあるので、この本ではきれいに速く泳ぐための、だれにでもできるトレーニングを「エクササイズ」と呼んでいます。

この章では「最新の泳ぎ」をするために必要なエクササイズを紹介します。特に、この泳ぎでは必要ですが日常ではあまりしない動きや、使われない筋肉などのエクササイズを中心に行います。日常生活であまりしない動きですから、その周辺の筋肉はほとんど使われていないため、筋肉は弱く硬くなっていることが多いようです。

また肩関節や股関節は、放っておくと上腕部や大腿部の骨が前に出てきてしまう傾向があります。関節の位置が正常でないと、いくら表面にある大きな筋肉のストレッチをしたところで、うまく動きません。関節の位置を正常に戻すためには、これから紹介する「キャプセラーストレッチ」が必要になってきます。

ここで紹介しているのは、道具を使わずにだれでも手軽にできるエクササイズばかりです。1日に数分やるだけで簡単にカラダをチューンナップできるのです。ぜひ、やってみてください。

●肩甲骨

カラダの左右に軸をつくって、交互に乗せ返して進む「最新の泳ぎ」では、肩甲骨の動きが重要です。右のように、カラダを下に向けたまま左軸に乗ってしっかり水をとらえ、右軸を前に乗せるときに肩甲骨まわりの柔軟性が問われます。可動域が小さいと前の水がつかめない、体幹が安定しない、などが起こります。

●肩関節

水泳では、肩関節の可動域が非常に大切です。息つぎなどで腕を前に戻すときに、関節可動域が大きいほど楽に腕が回り、泳ぎの効率を悪くする大きなローリングが必要なくなります。また「最新の泳ぎ」のポイントでもあるフロントキャッチで「ひじを立てる」動きも、肩関節の内旋方向への可動域が必要です。

●股関節

股関節の動きはキックに影響します。「最新の泳ぎ」では大きなキックは必要ありませんが、可動域が広ければ広いほど余裕のあるしなるキックができるようになります。可動範囲ぎりぎりのキックでは、力みが生じ足がやわらかく使えなくなることもあり、ひどくなると体幹部のバランスにも影響します。

●体幹部

フィニッシュを重視した泳ぎに比べて、「最新の泳ぎ」のポイントは前になります。キックもコンパクトに打つため、体幹が安定していないと脚が沈んでしまい、前の水に乗れなくなってしまいます。そこで大切になってくるのが「腹圧」の入れ方です。P113で紹介する「腹圧」を入れたまま泳ぐことで、正しい姿勢が維持できるのです。

EXERCISE

肩甲骨

ここでは、ふだんは意識して使うことのない、肩甲骨を動かしてみましょう。意識的に使えるようになると、肩がよく回り腕の可動域も広がります。

肩の左右の動きでいうと、ローリングでカバーしていたリカバリーなどの動きが、楽にできるようになります。これによって、体幹の大きなブレを抑えられるので、まっすぐな基本姿勢を保ちやすくなります。

また、上下にも自在に動かせるようになると、ムリなく前の水をつかめるようになります。これができるようになると、左右の軸に重心を乗せ返しながらカラダを前に進める「最新の泳ぎ」の大きなメリットとなるでしょう。

肩甲骨

EXERCISE 1

肩甲骨を引き寄せて、肩の動きをよくする

水泳の腕の動きでは、肩甲骨の可動域が非常に大切になってきます。肩甲骨の可動域が広がれば、そのぶん腕の動く範囲も広がります。これまでと同じように腕を回したとしても動きに余裕があるので、リラックスした状態での大きな動きが可能になるのです。まずは腕の動きを利用して、軽く肩甲骨を内側に引き寄せる練習をしてみましょう。

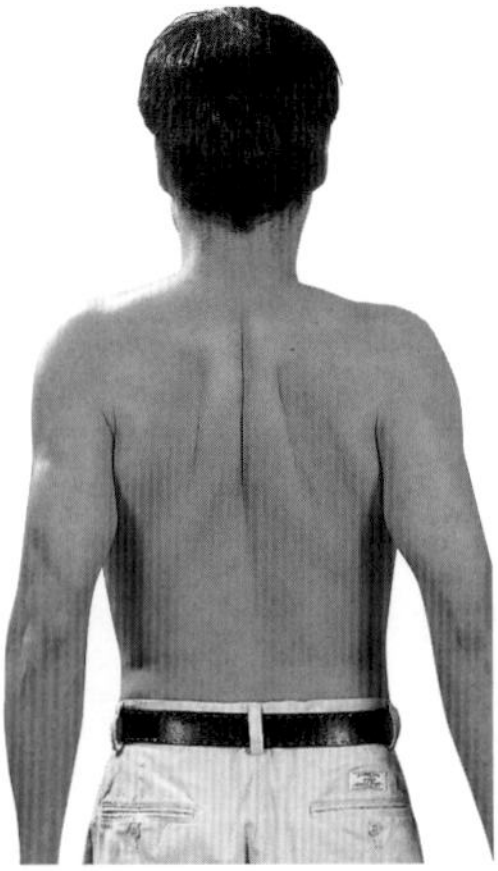

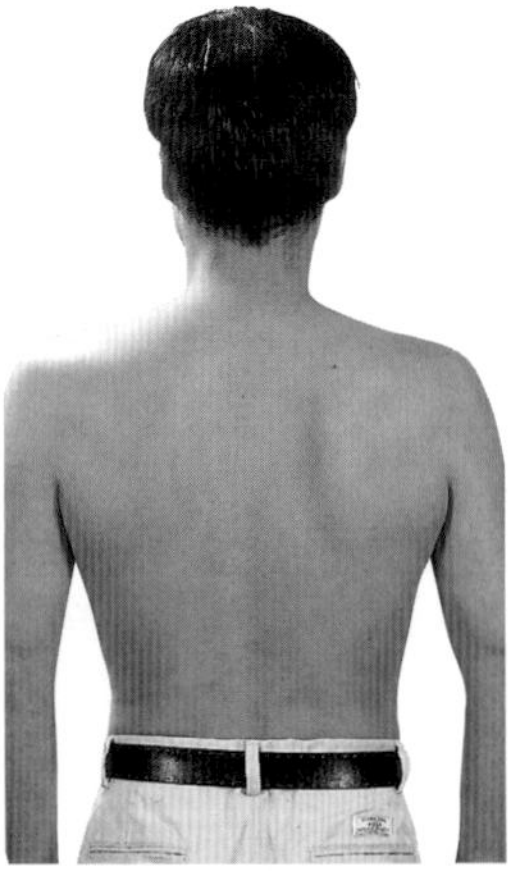

肩甲骨を左右に動かす

慣れてくれば、自由に動かせるようになります。肩がうまく回らない人は、やってみましょう

T's Swimming Method

腕を開いて肩甲骨を引き寄せる

ひじを曲げて、わきを締めたまま両腕をカラダの外側に開いてみましょう。こうすることで肩甲骨が内側に寄せられます

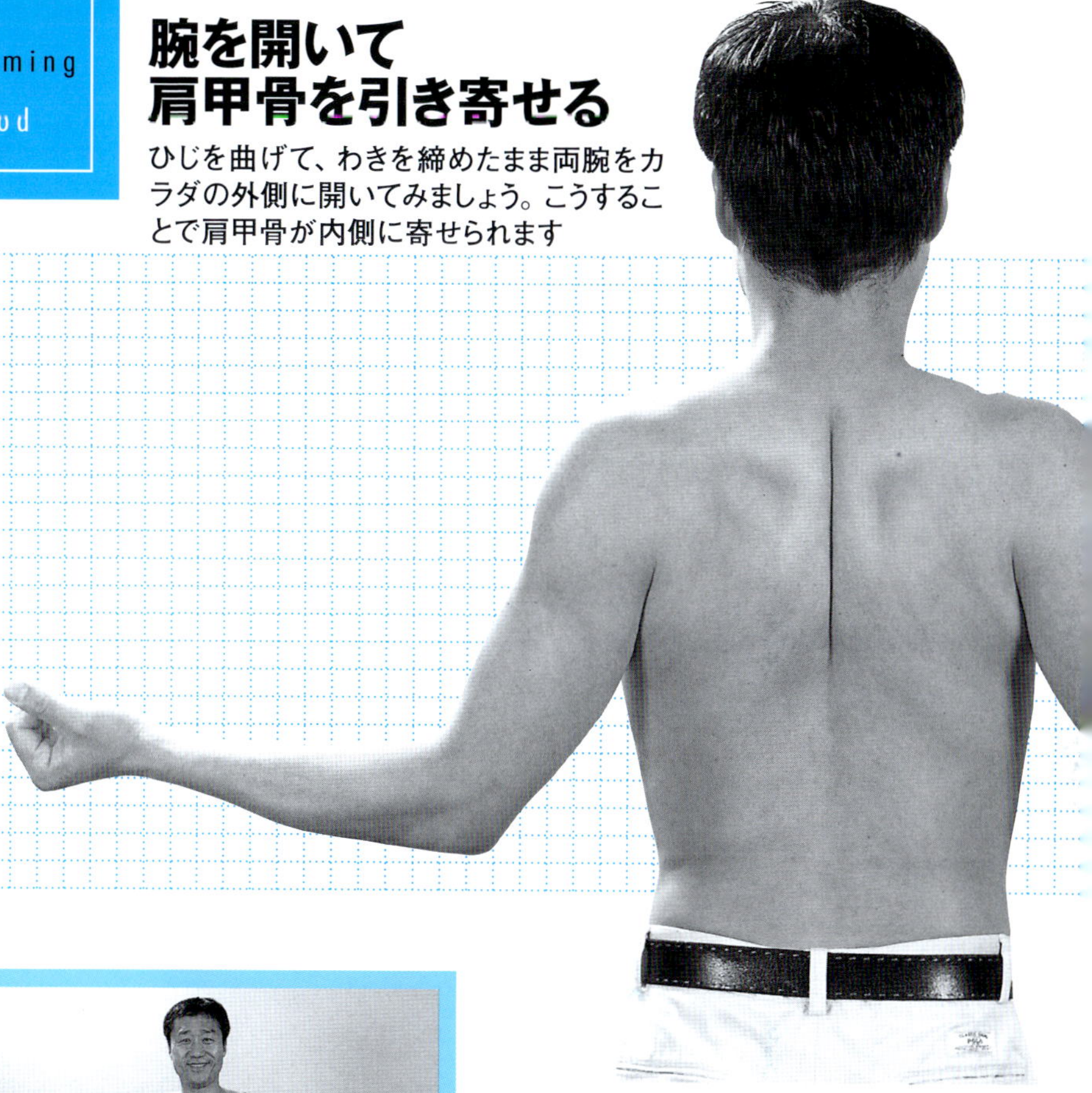

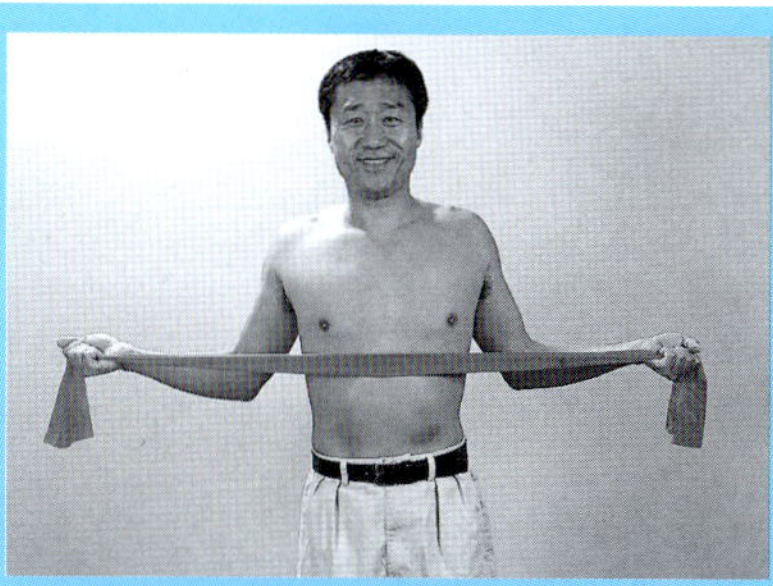

うまくいかない場合は

どうしても腕に意識がいってしまう人や同時にトレーニングに結びつけたい人は、チューブを持ってやってみるのもいいでしょう。このとき、あまり硬いチューブを持ってしまうと腕の筋力トレーニングになってしまいます。市販されているトレーニングチューブなら、ピンクぐらいのやわらかいものを使用しましょう

意識するポイント

肩甲骨の左右の動きに関連してくるのが、わきの下にある前鋸筋（ぜんきょきん）。腕の運動ではないので、この筋肉を意識しながらやってみましょう

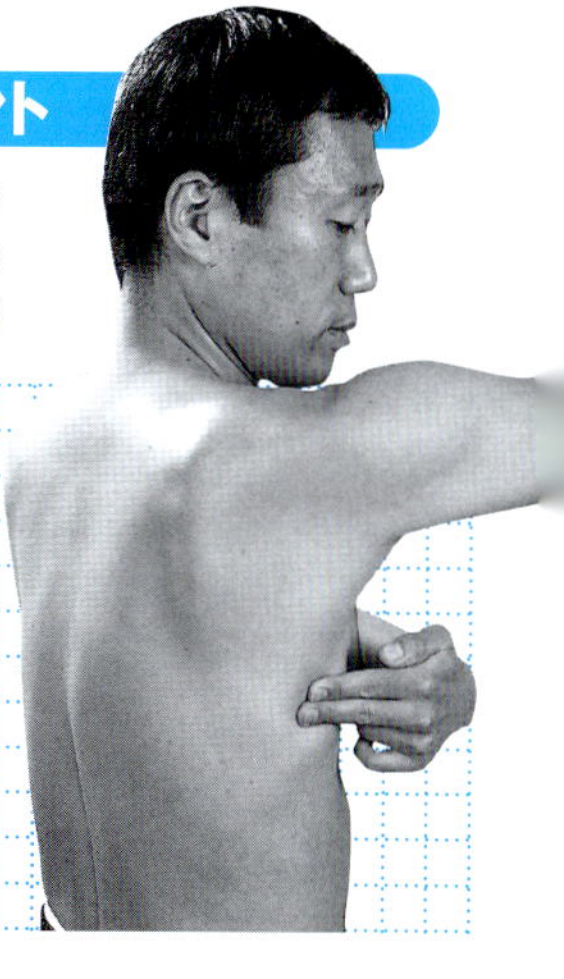

肩甲骨

EXERCISE 2

肩甲骨を左右に動かし、肩がうまく回るようにする

このエクササイズの目的は、肩甲骨を左右に動かせるようにし、腕の可動域を広げることです。腕の前後の可動域は、前の水をつかむ動きや、かいた腕を前に戻すリカバリーの動きに直結しています。前から後ろまで楽に腕を回せることで、カラダを大きく傾けなくてすみます。これによって基本姿勢を保ったまま、リカバリーや前の水をつかむ動きがしやすくなるのです。

肩甲骨を引き寄せる

慣れてくると、四つ這いにならなくても立ったままできるようになります

1

四つ這いの体勢で背すじをしっかり伸ばした状態からスタート

意識するポイント

肩甲骨の左右の動きに関連してくるのが、わきの下にある前鋸筋（ぜんきょきん）。この筋肉を意識して動かせるようになると、これがやりやすくなります

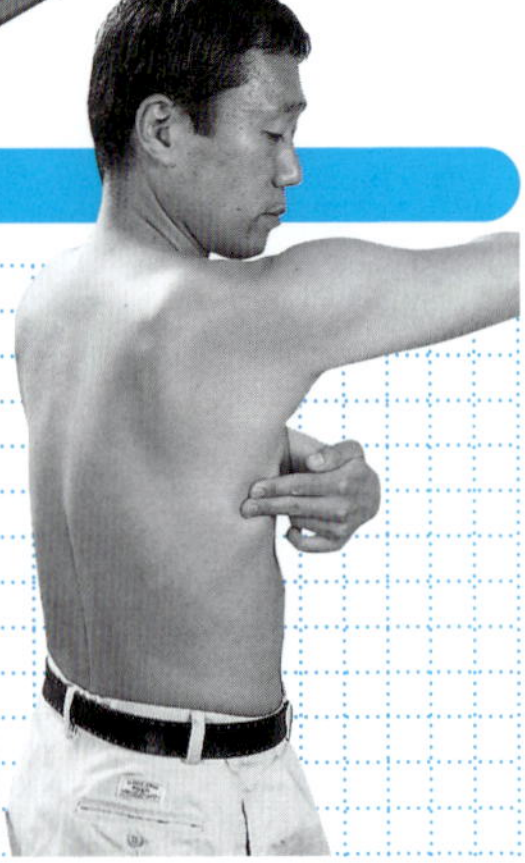

2

ひじを曲げずに胸を下げて、
肩甲骨を内側に寄せる

NG

カラダの上下運動が目的ではないので、単なるひじの曲げ伸ばしにならないよう注意しよう

うまくいかない場合は

うまくいかない場合は背中を持ち上げて、ストンと下ろしてみるとやりやすくなります

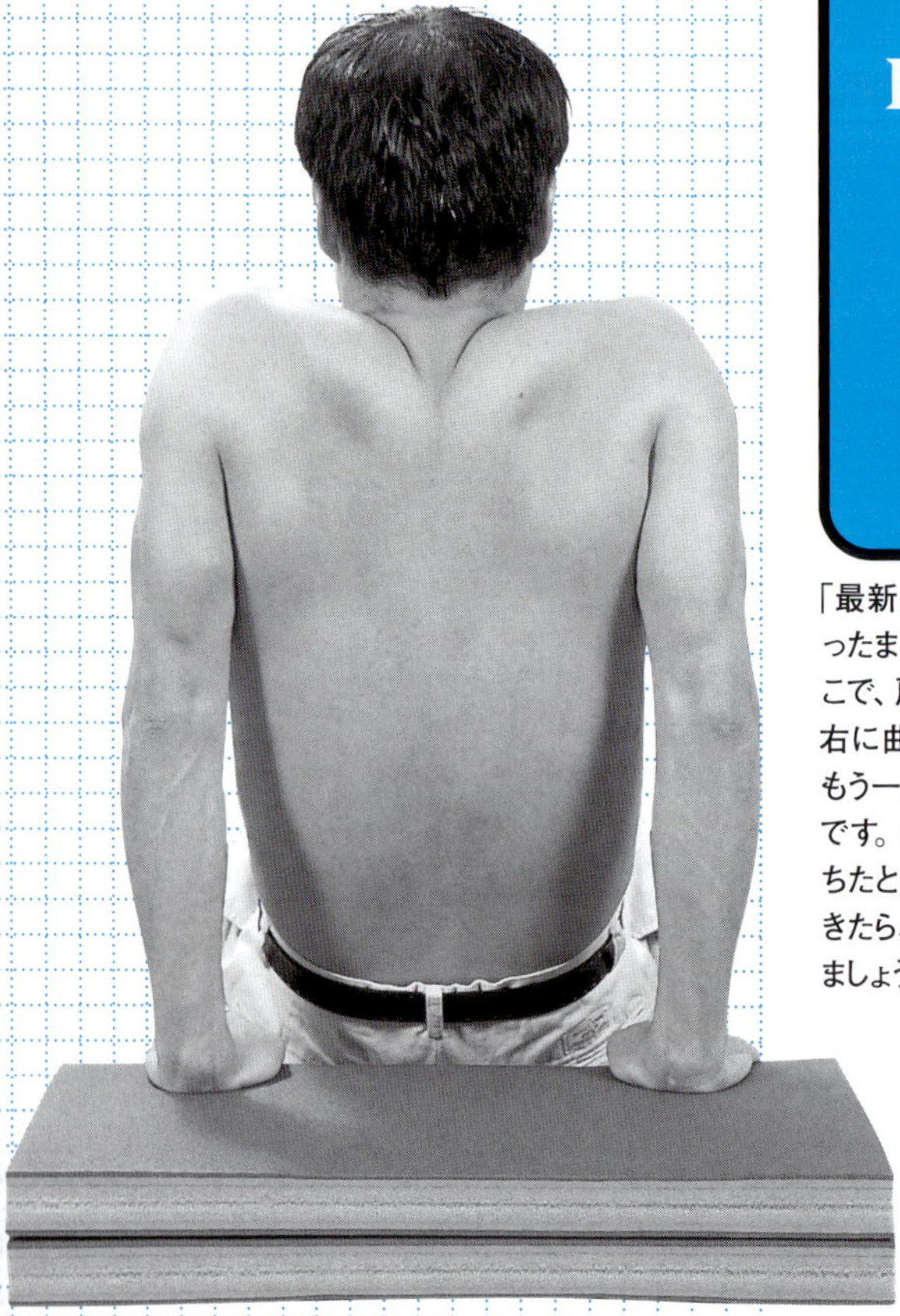

肩甲骨

3

EXERCISE

肩甲骨を上下させ、肩が上下に動くようにする

「最新の泳ぎ」のポイントは、カラダを水平に保ったまま重心を前に前に乗せていくことです。そこで、肩甲骨をムリなく上下できれば、体幹を左右に曲げずに、水中でかいている腕を基点にもう一方の腕を前に「乗せ返す」ことができるのです。まずはこのエクササイズを通じて、肩が落ちたときの感覚をつかみましょう。動きに慣れてきたら、ふだんから意識的に下げる練習をしてみましょう。

1 背すじを伸ばしてリラックスした状態で、広背筋を意識しながら肩甲骨を上げていく

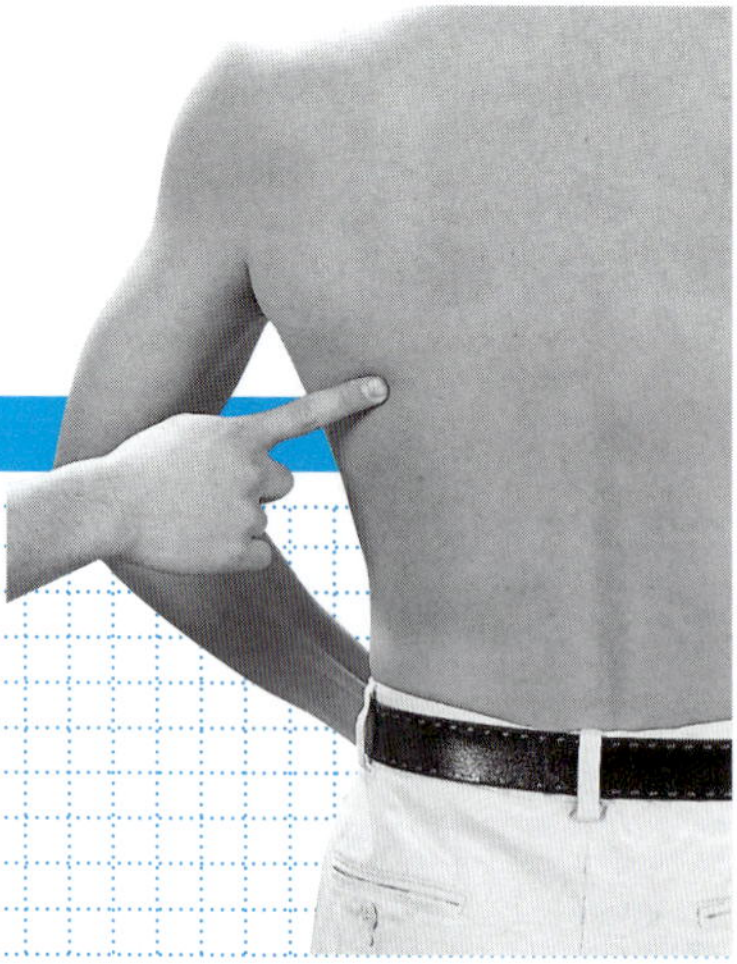

意識するポイント

このエクササイズの対象となる筋肉は広背筋（こうはいきん）。肩甲骨のななめ下あたりに位置します。広背筋の収縮を意識しながらやってみましょう

肩甲骨を上下させる

肩甲骨を上げる動作はさほどむずかしくないでしょう。しかし、肩甲骨を下げる動き、というと首をかしげてしまう人も多いかもしれません。しかしトップスイマーはこの動きをプルやプッシュで使うから、かきの推進力が大きくなるんです

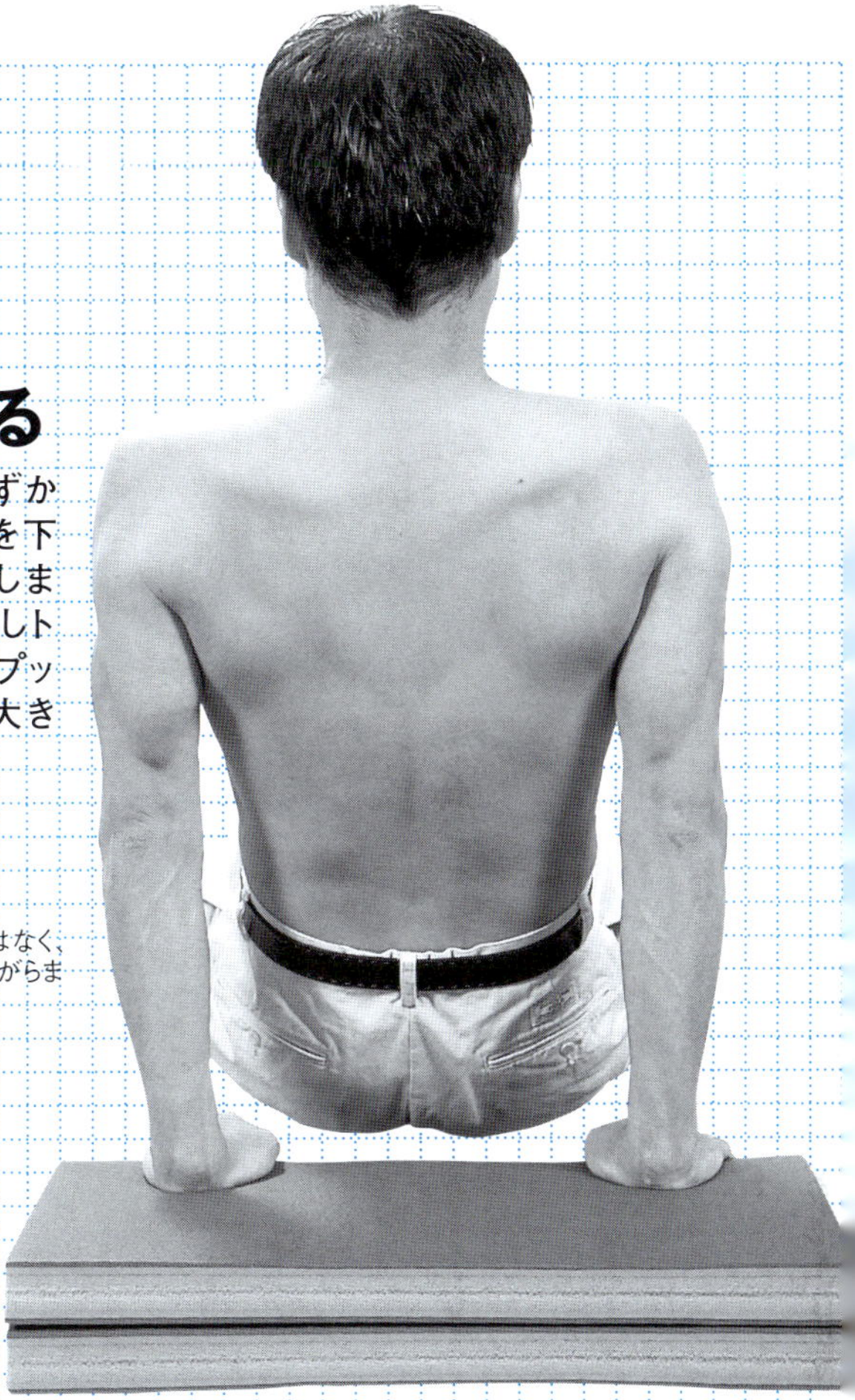

2 首をすくめるのではなく、肩甲骨を意識しながらまっすぐ肩を下げる

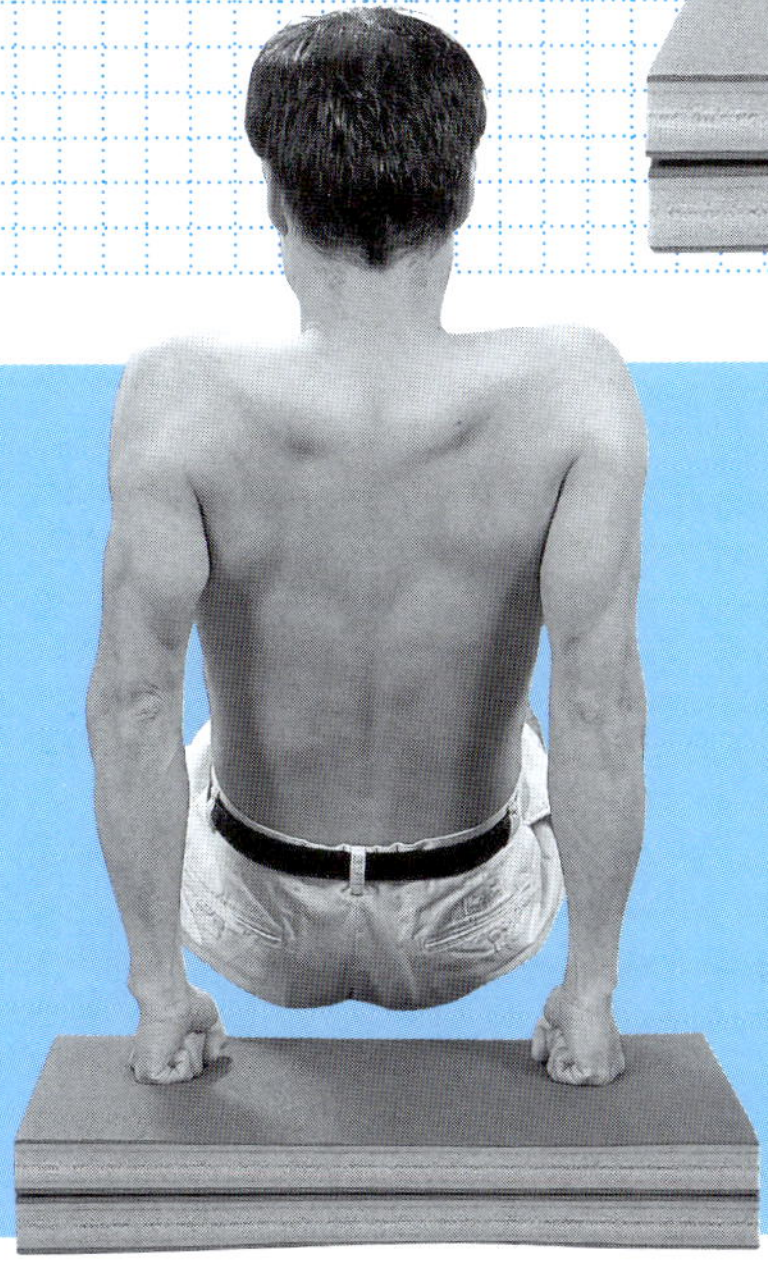

うまくいかない場合は

肩甲骨を上げる動作は、日常でも使っている動きなのでやりやすいですが、下げるのはなかなかむずかしいことと思われます。うまくできない場合は、手を台の上に置いたり、拳を立てたりしてやってみましょう。それでもうまくいかない人は、まず肩を上げる状態をつくって、ストンと落とすようにやってみましょう。そうすることでふだんより肩が落ちるので、肩甲骨を下げた状態になります

肩関節

肩甲骨同様、水泳では肩関節の可動域も大切です。この肩関節は、放っておくと腕が前に出てきやすいという特性があります。その状態で肩を回そうとしても、後ろには回りません。腕を前に戻すリカバリーでは、肩の後ろ側の可動域が重要ですが、関節が硬くて肩の回るギリギリのところで泳ぐと、無意識に腕に力が入って自然な動きができなくなります。可動域を広げ、余裕ができて初めてリラックスした動きになるんです。

また、キャッチからプルでは手のひらが後ろに向いています。つまり、腕を内側にひねる肩の内旋が必要なのです。「最新の泳ぎ」に大切な「ひじを立てる」動作には肩関節の柔軟性が重要なんです。

肩関節

EXERCISE 1

肩関節を正しい位置に戻し、肩がよく回るようにする

ストレッチというと通常、カラダの表面近くにある大きな筋肉を伸ばすことですが、その内側で関節をつないでいる小さな筋肉(インナーマッスル)はなかなか伸ばされる機会がなく、硬くなっている人も多いようです。その小さな筋肉を伸展させてあげることで肩が動かしやすくなるんです。

意識するポイント

意識するのは肩の後ろの部分です。肩が硬い人の多くは、肩が前に出ているため、関節内の骨の位置が前にズレて動きに問題があります。エクササイズ後に肩の後ろにだるさを感じるようであれば、正しい位置に入った証拠です

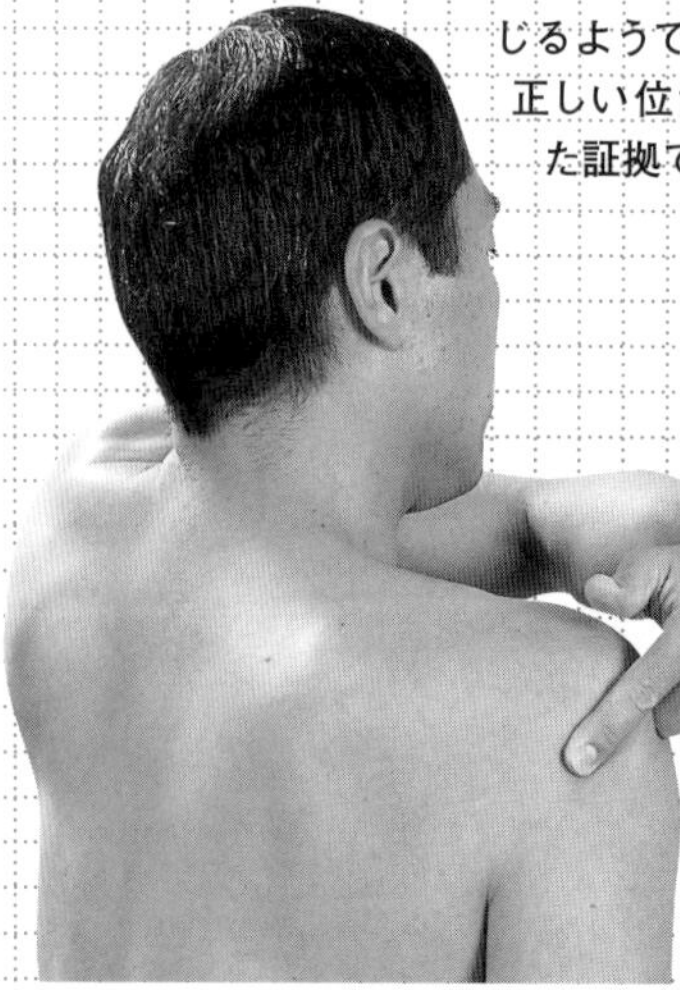

T's Swimming Method

肩のキャプセラーストレッチ

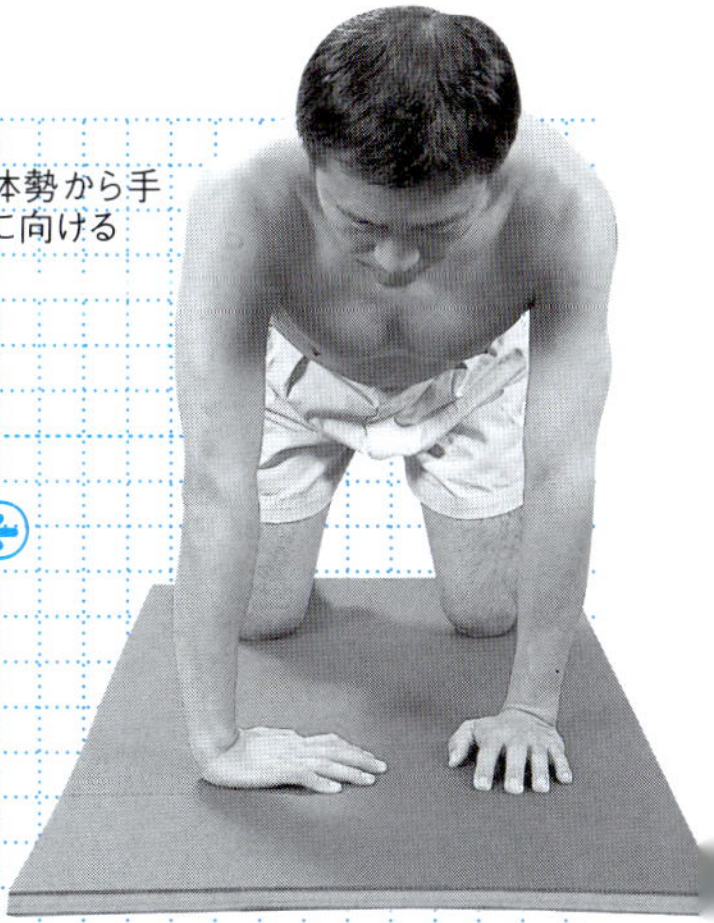

1 四つ這いの体勢から手を90度内側に向ける

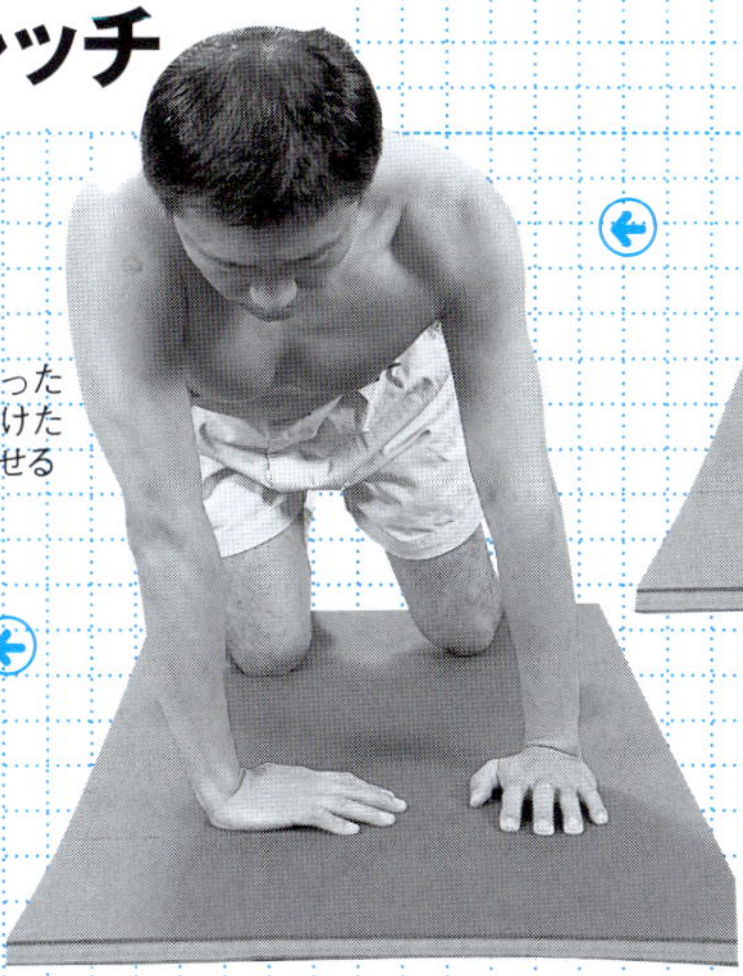

2 ひじをまっすぐに保ったまま、手を内側に向けたほうの腕に体重を乗せる

3 反対側の腕の支えを解除し、腕を突っかい棒のようにして肩関節に体重を乗せる

キャプセラーストレッチとは

肩関節は、ボール状の腕の骨とそれを包み込むような肩の骨でできています。骨と骨の間には微妙なすき間があり、これを小さな筋肉がつないでいます。通常、このすき間は均等になっていますが、肩が前に出てしまっていると、前と後ろですき間の幅に差があります。これによって関節内の小さな筋肉（インナーマッスル）の伸展性に差が出ます。この関節を正しい位置に戻すことを、「キャプセラーストレッチ」と呼んでいます

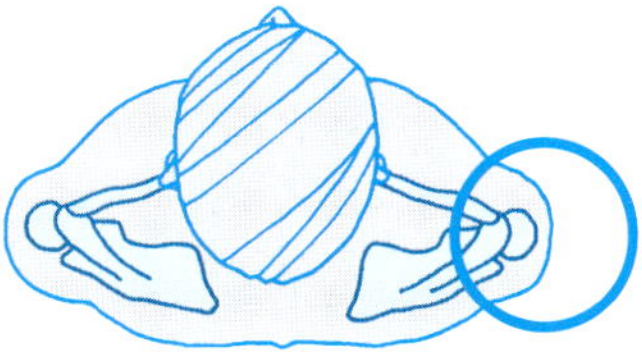

VARIATION

バリエーション

慣れてきたら四つ這いにならなくても、座りながらでもできます

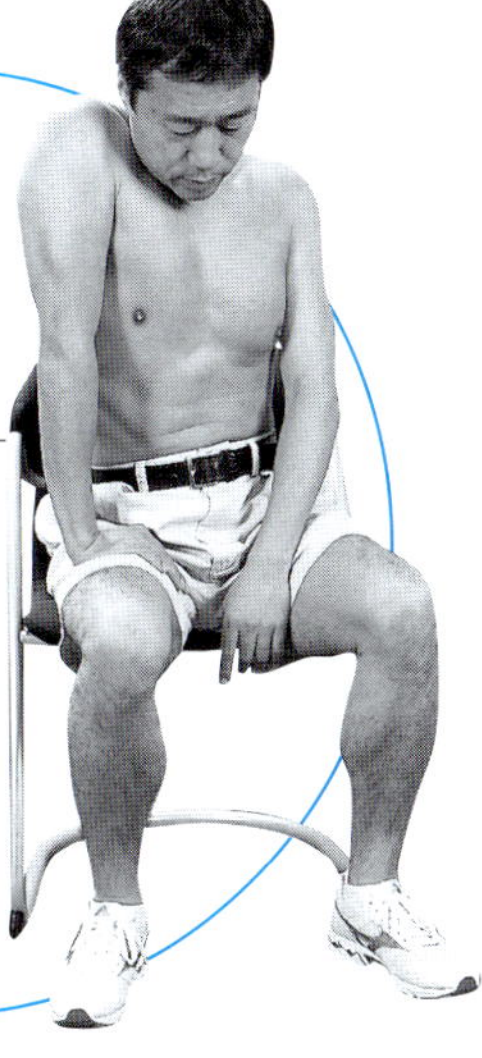

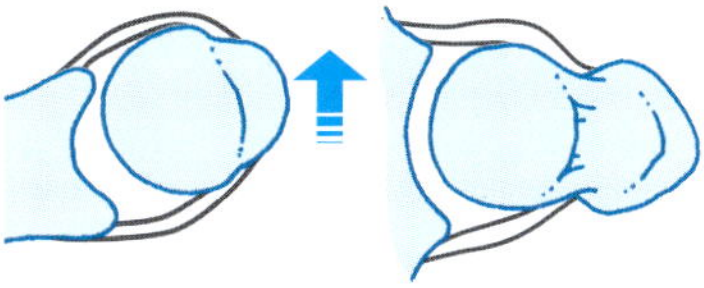

前に出た状態　正常な状態

正しい姿勢で行いましょう

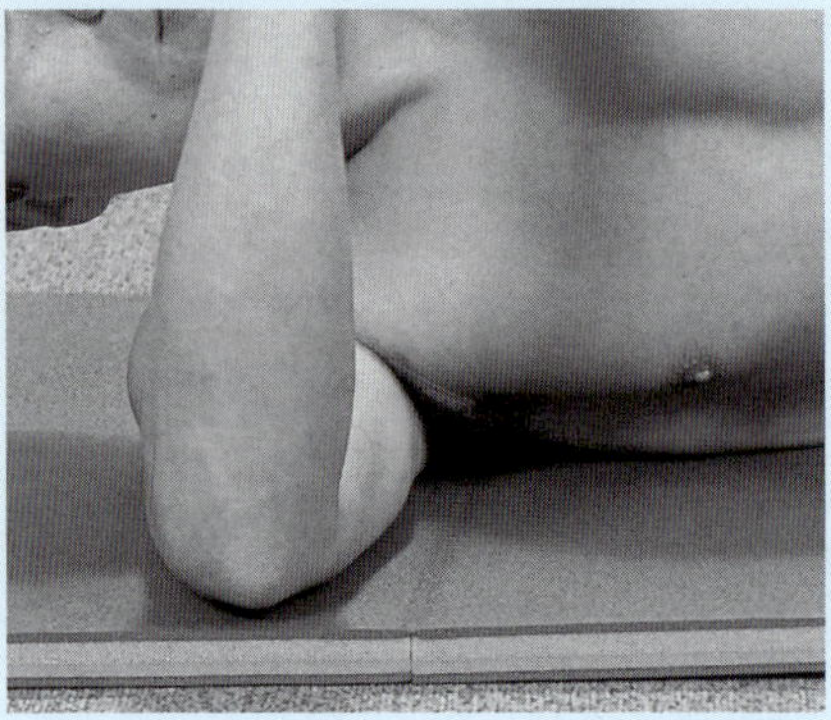

肩の上に体重を乗せて、関節を固定します。これができていないと意味のないエクササイズになってしまうので、気をつけましょう。ひじを90度に曲げておくことも大切です。

肩関節

EXERCISE 2

肩を内側にひねって、フロントキャッチに役立てる

腕を内側にひねる内旋動作で肩関節後方のインナーマッスルは伸ばされます。この内側にひねる動きが、フロントキャッチをするために必要となります。このとき、前腕が動く範囲は45度くらいですから、それ以上動いてしまう人は最初のポジションを確認しましょう。肩関節はカラダの中でももっとも可動域の広い筋肉です。しかし多方向に動くぶんだけ、不安定でケガもしやすいデリケートな部分といえるでしょう。決してムリをしないよう心がけましょう。

1

肩関節の上にしっかりと体重を乗せて固定し、ひじを90度に曲げて前腕を垂直に立てる

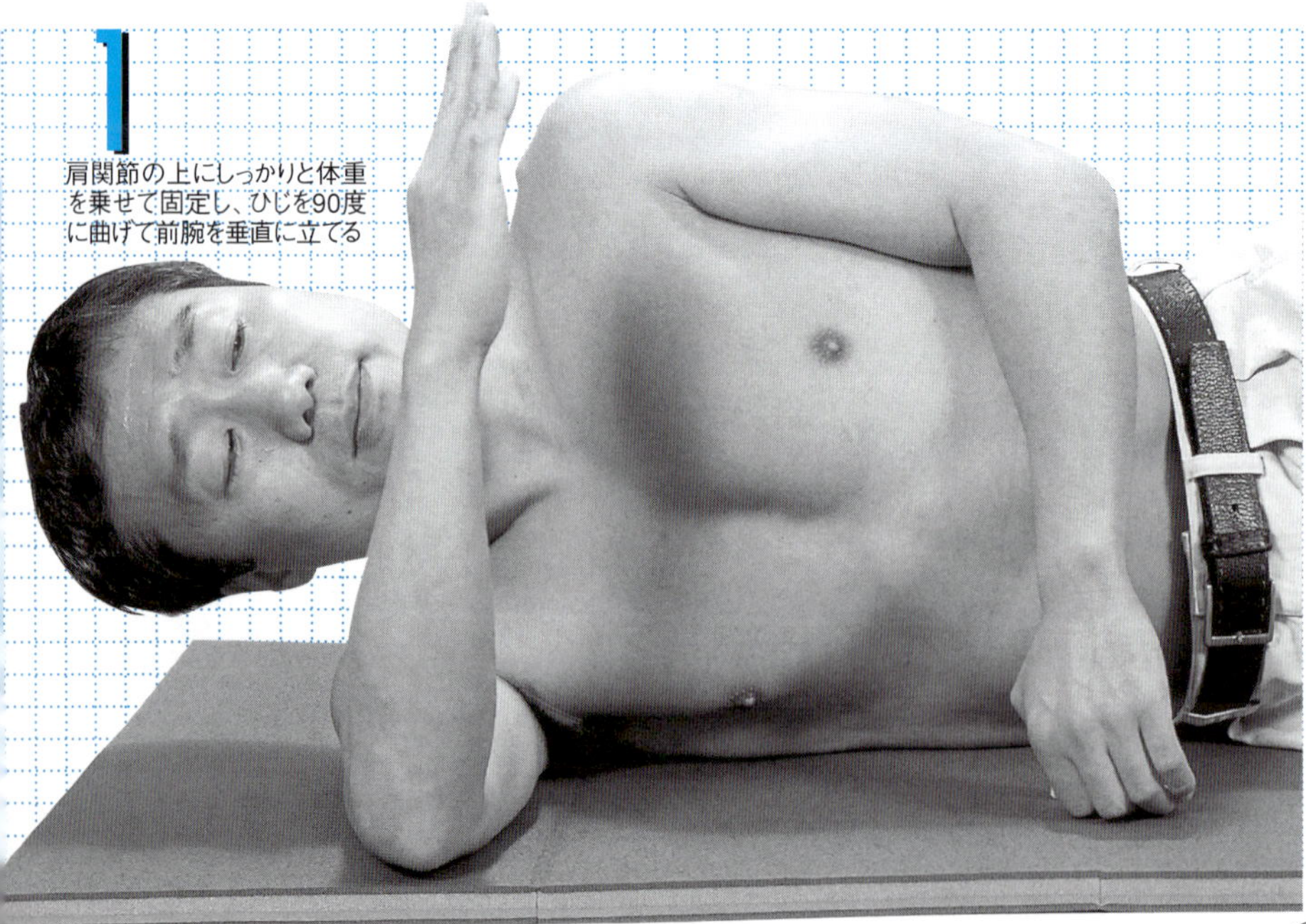

VARIATION
バリエーション

ペットボトルなどを持ってこの動きをすることで、肩関節のインナーマッスルが鍛えられる

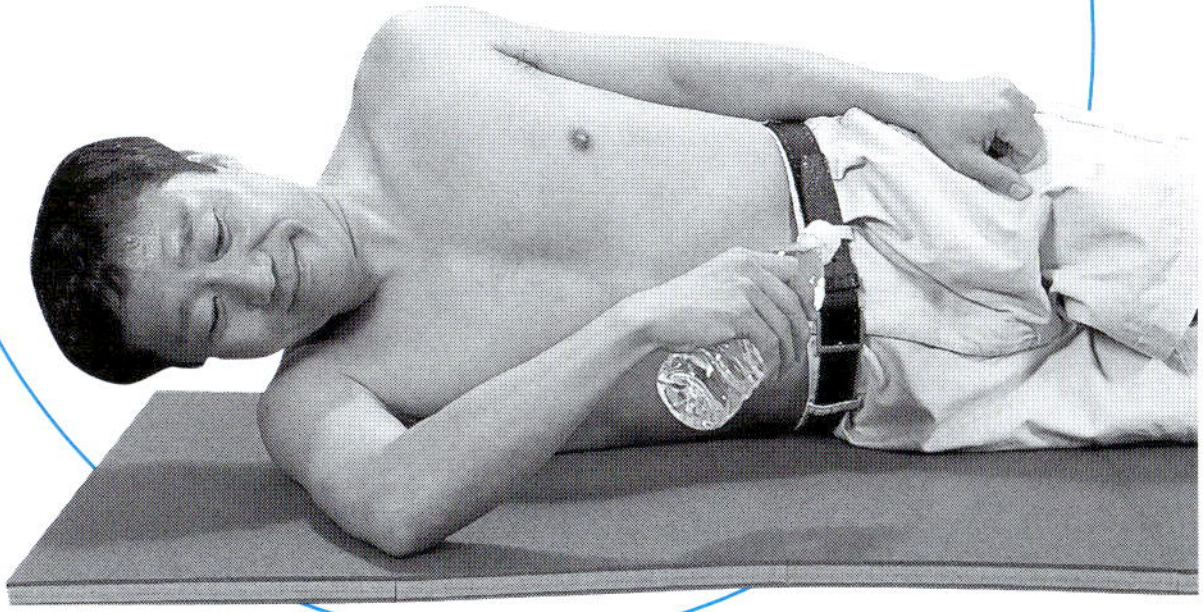

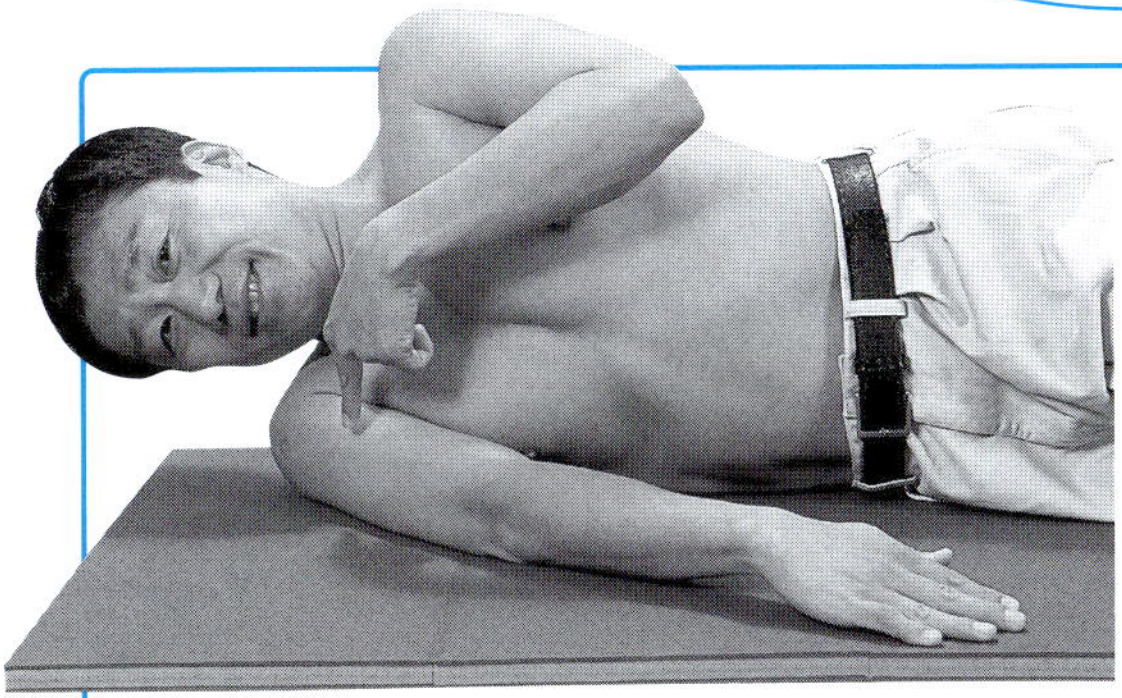

NG

体重を肩関節の上に乗せて固定していないと、45度以上、前腕が回ってしまう

2

立てた前腕を足方向に向かって45度程度になるまで傾ける

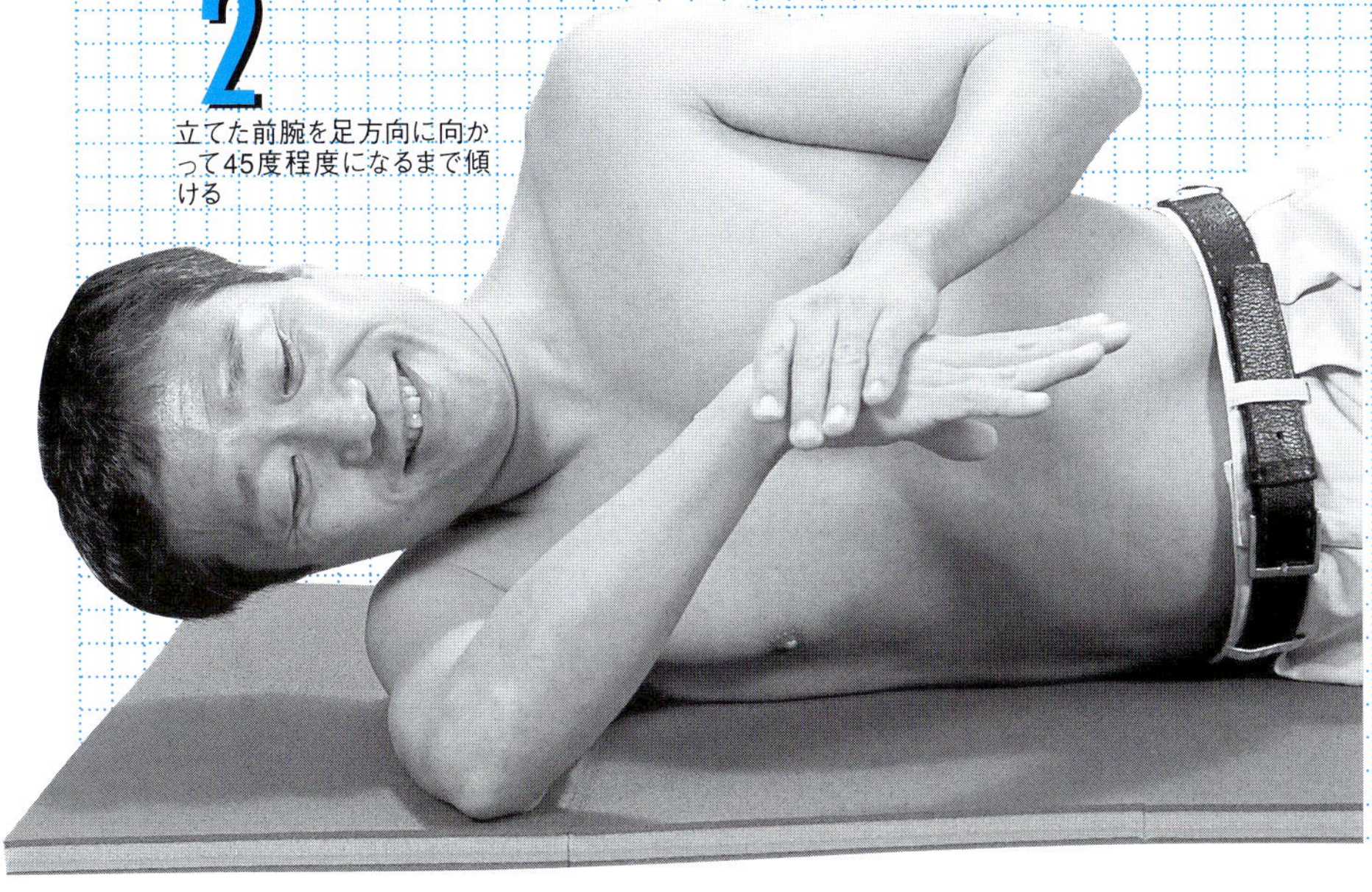

1

指先を正面に向けて四つ這いの体勢をつくる

肩関節

EXERCISE 3

ひじを前に向け、「ひじが立つ」動きを身につける

このエクササイズでは腕が動きますが、実際には肩関節を内側にひねるように動かします。最初は手元を固定して練習し、慣れてきたら手を前に伸ばして支えなしでやってみましょう。肩が硬い人には特にむずかしいかもしれませんが、この動きは「最新の泳ぎ」のフロントキャッチで非常に大切になってきます。ムリせず少しずつ慣らして、できるようになっていきましょう。

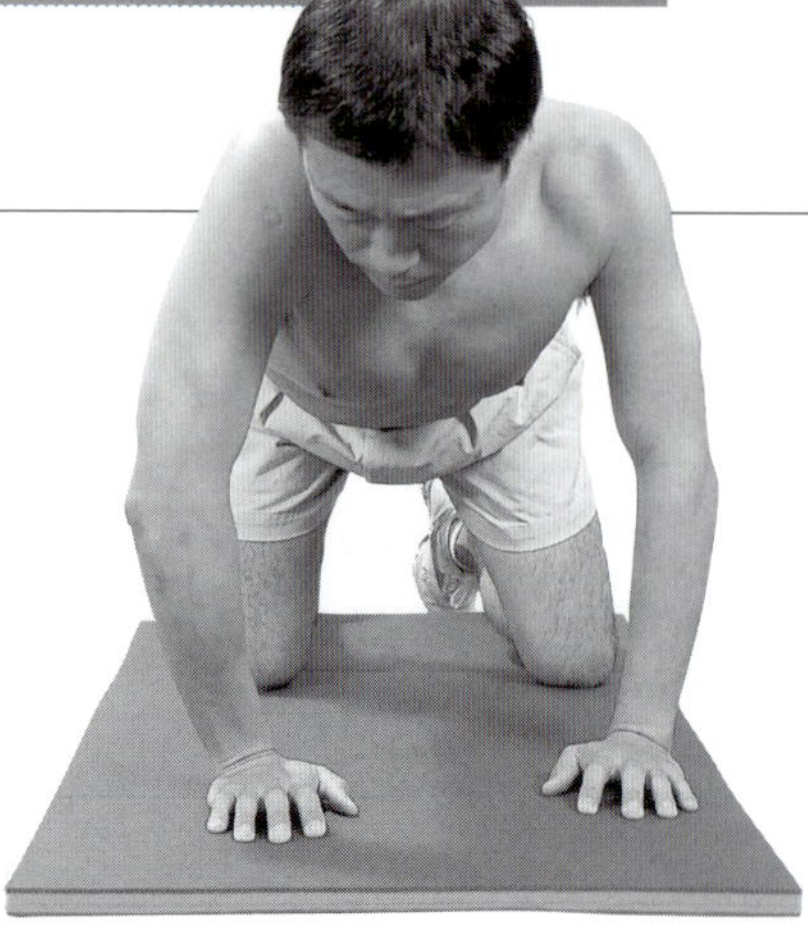

VARIATION I

バリエーション

できるようになったら、ひじを前に向けてから少し曲げるフロントキャッチの動きまで練習してみましょう

2
ひじ頭が前を向くように上腕を内側にひねる

VARIATION 2

バリエーション

慣れてきたら床から手を離して、手のひらの角度を変えずにひじ頭を上に向けるようにやってみましょう。ひじを伸ばしきらずに多少アソビを持たせてやるのがポイントです

ひじが下がってしまうのはNG。ひじを上げた状態でやってみよう

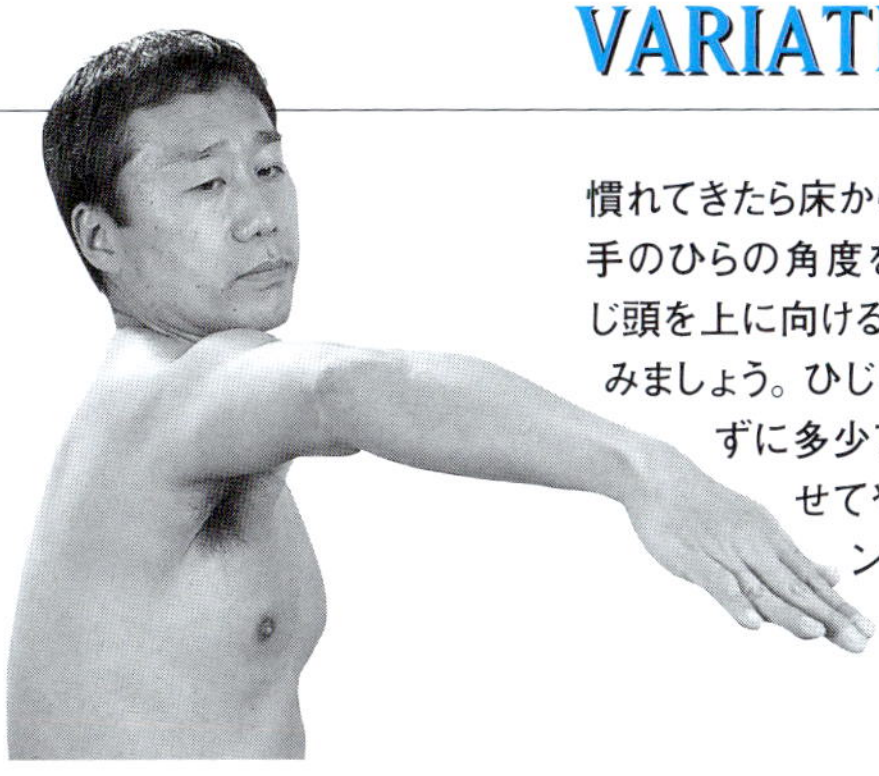

股関節

キックの動きに必要となる、股関節のエクササイズをやっておきましょう。ここでは、股関節の位置を正常に戻すためのキャプセラーストレッチと、可動域を広げるためのストレッチを紹介します。

股関節は、骨盤が太もも骨（大腿骨）をくるむようにつながっています。しかし、その形状の特性から、放っておくと大腿骨が前に出てきてしまいがちです。骨が正しいポジションにないと可動域も狭くなり、力も伝わりにくくなります。まずは関節を正しい位置に戻し、そのまわりの大きな筋肉を伸びやすくすることで可動域が広がります。

ムチのようなキックをするためにも、日頃から可動域を広げておきましょう。

股関節

EXERCISE 1

腸腰筋を伸ばして、キックの動きをよくする

後ろ方向への蹴り戻しに使われるのが、腸腰筋（ちょうようきん）です。「最新の泳ぎ」では、幅の広いキックを使いませんが、可動域を広げておくことで、股関節からつま先までをムチのようにしならせて推進力をアップできます。しっかりストレッチして、伸展性を上げておきましょう。

うまくいかない場合は

上体を立ててやるのがむずかしい人は、多少前傾してやってみましょう。このときも、骨盤は正面を向けておくことが大切です

NG

足首を持つと、別の部位のストレッチになるので気をつけよう

1

片ひざをつき、もう一方のひざを立て、つま先と骨盤が正面を向いた体勢をつくる

2

脚を前後に広げるように体重をかける。股関節の前側の筋肉が引っ張られる感覚があればOK。腰が反っていると、骨盤が前傾するだけで腸腰筋は伸びない。注意しよう

NG

骨盤が外側に開いてしまうと効果がないので、体が硬い人は骨盤が動かない範囲で始めよう

意識するポイント

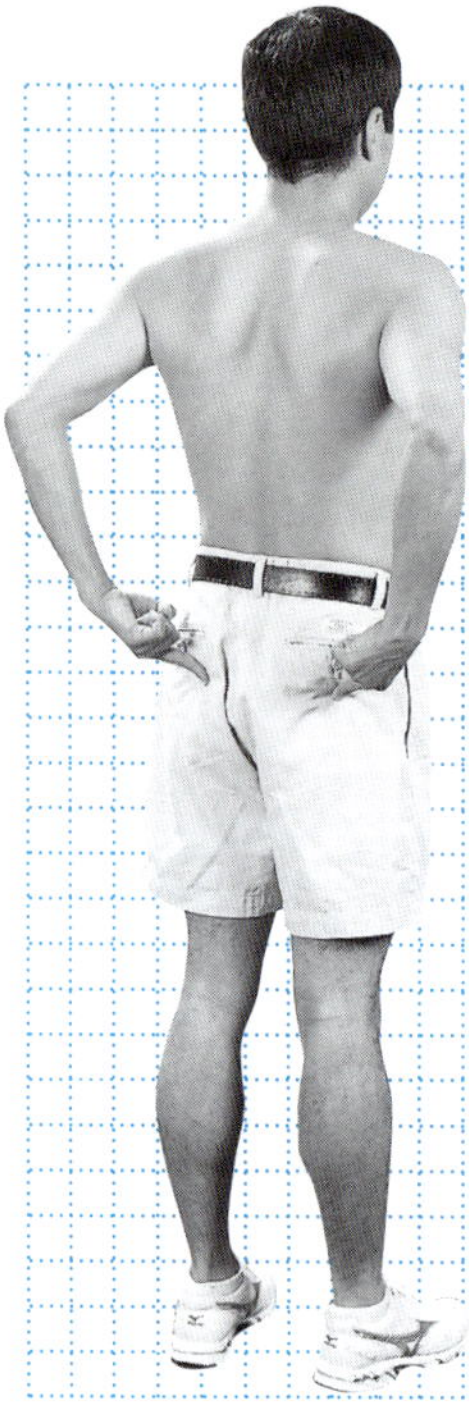

このストレッチで伸ばされるのは、組んでいるほうのお尻の大きな筋肉(大臀筋)となる。しっかりと意識しながらやってみよう

股関節

EXERCISE 2

大臀筋を伸ばし、バックキックに役立てる

大臀筋(だいでんきん)は、脚の動きに大きく関わってくるお尻にある大きな筋肉です。脚力は一般的に、この筋肉の大きさと伸展性に比例するといわれています。筋力を一気に強くするのは難しくても、ストレッチをすることでしなやかに動かせます。筋肉に柔軟性を持たせ、可動域を広げておきましょう。

あお向けになって足を組み、組んでいないほうのひざの裏を抱えこむよう手前に引く。30秒以上この姿勢を保つ。このとき、伸ばされているのは組んでいる足の側の大臀筋なので勘違いしないように

VARIATION 1

バリエーション

やわらかい人はひざを抱えるようにすると可動域がさらに広がる

VARIATION 2

バリエーション

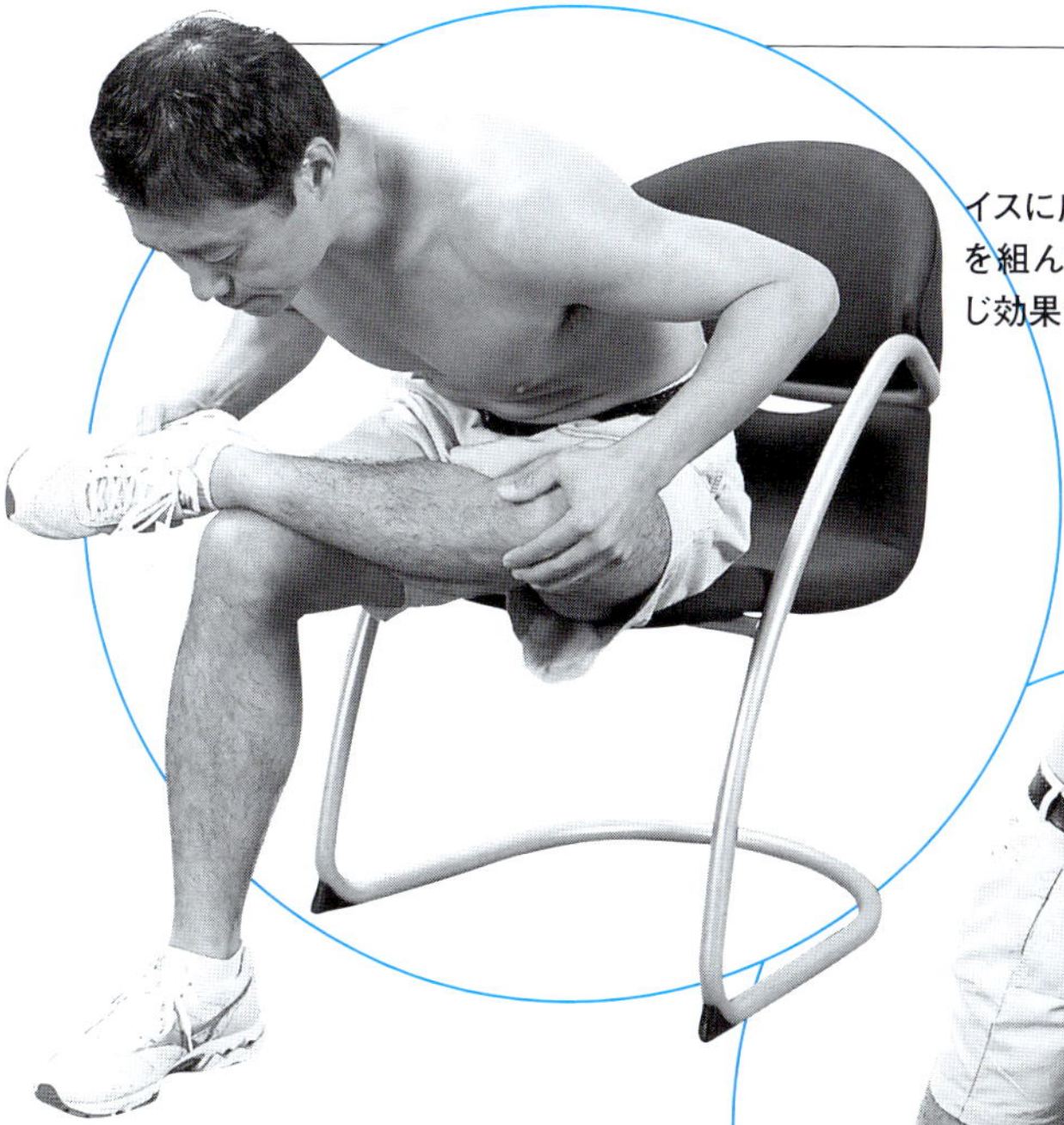

イスに座っていても、足を組んで前傾すれば同じ効果が得られる

机やプールのスタート台などを使ってもストレッチできる

股関節のキャプセラーストレッチ

1

四つ這いの姿勢で背すじをしっかり伸ばした体勢からスタート

股関節を正しい位置に戻し、動きをよくする

股関節もまた、大腿骨先端の球状部分を骨盤がくるむような構造になっています。肩関節ほど大きな可動域はないものの、放っておくと大腿骨が前に出てきてしまい、通常の可動域が失われます。肩の場合と同様に、キャプセラーストレッチをやって関節の位置を正常に戻しておきましょう。これによってキックをチューンナップできます。

意識するポイント

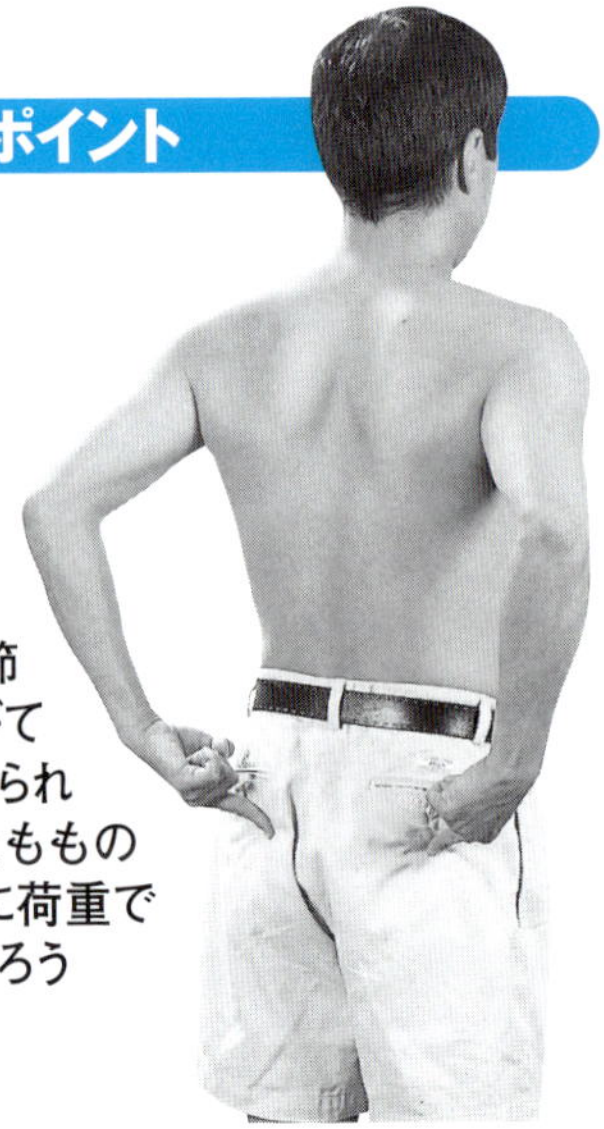

エクササイズでは、股関節の背部が伸びている感覚が得られればOK。太ももの骨にまっすぐに荷重できる姿勢をとろう

正常な股関節の位置（大腿骨、骨盤）

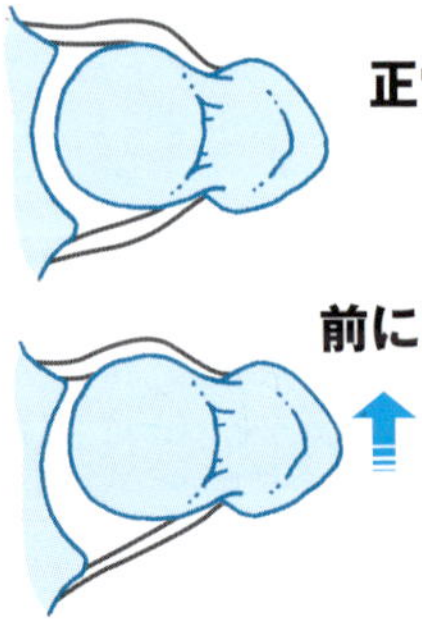

2

伸ばしたい側のひざに全体重を乗せるよう重心を移動させる

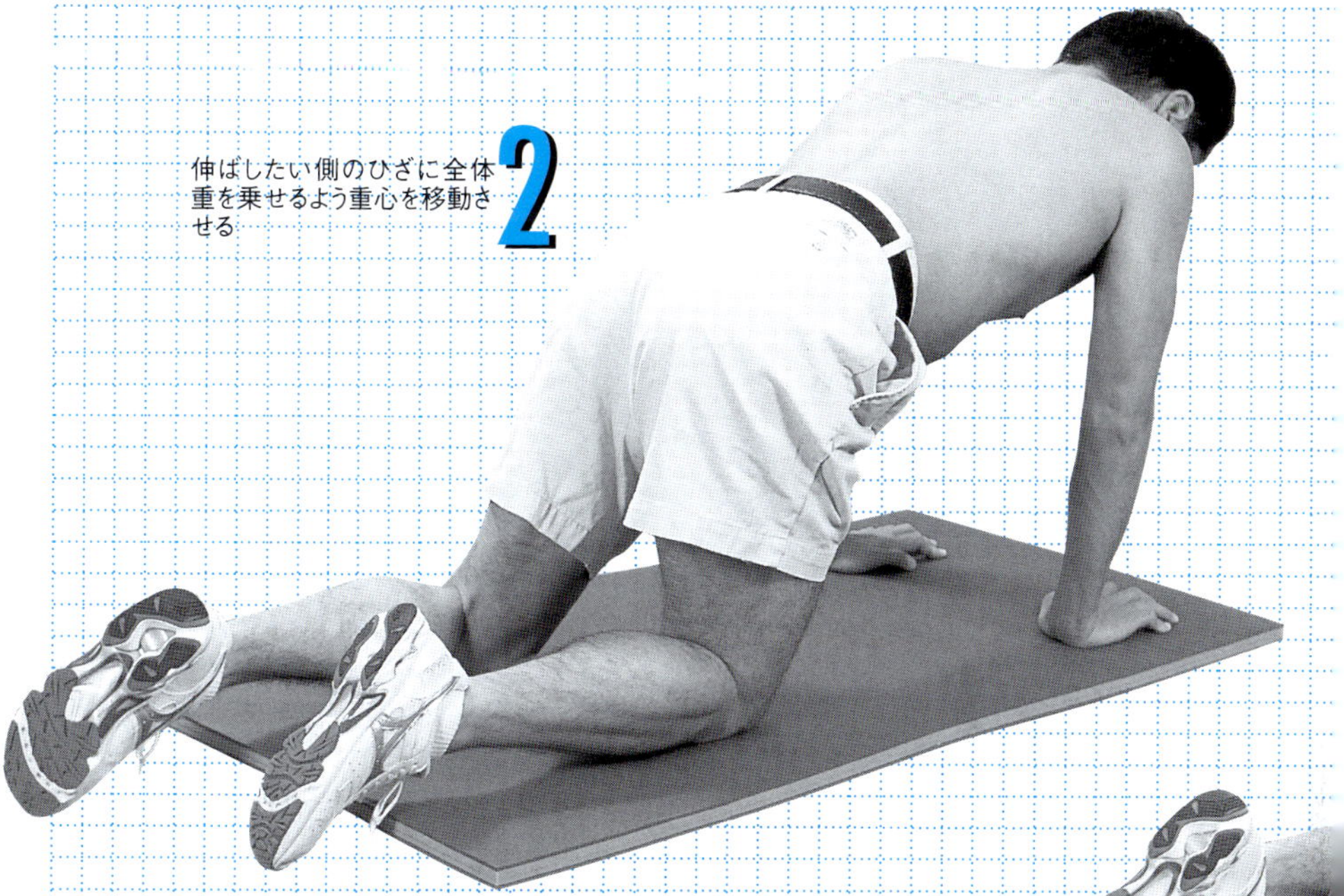

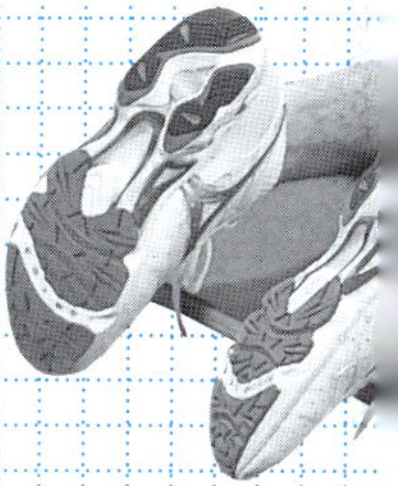

3

体重を乗せた方の大腿骨に全体重が乗るよう、逆側の足の支えをなくす

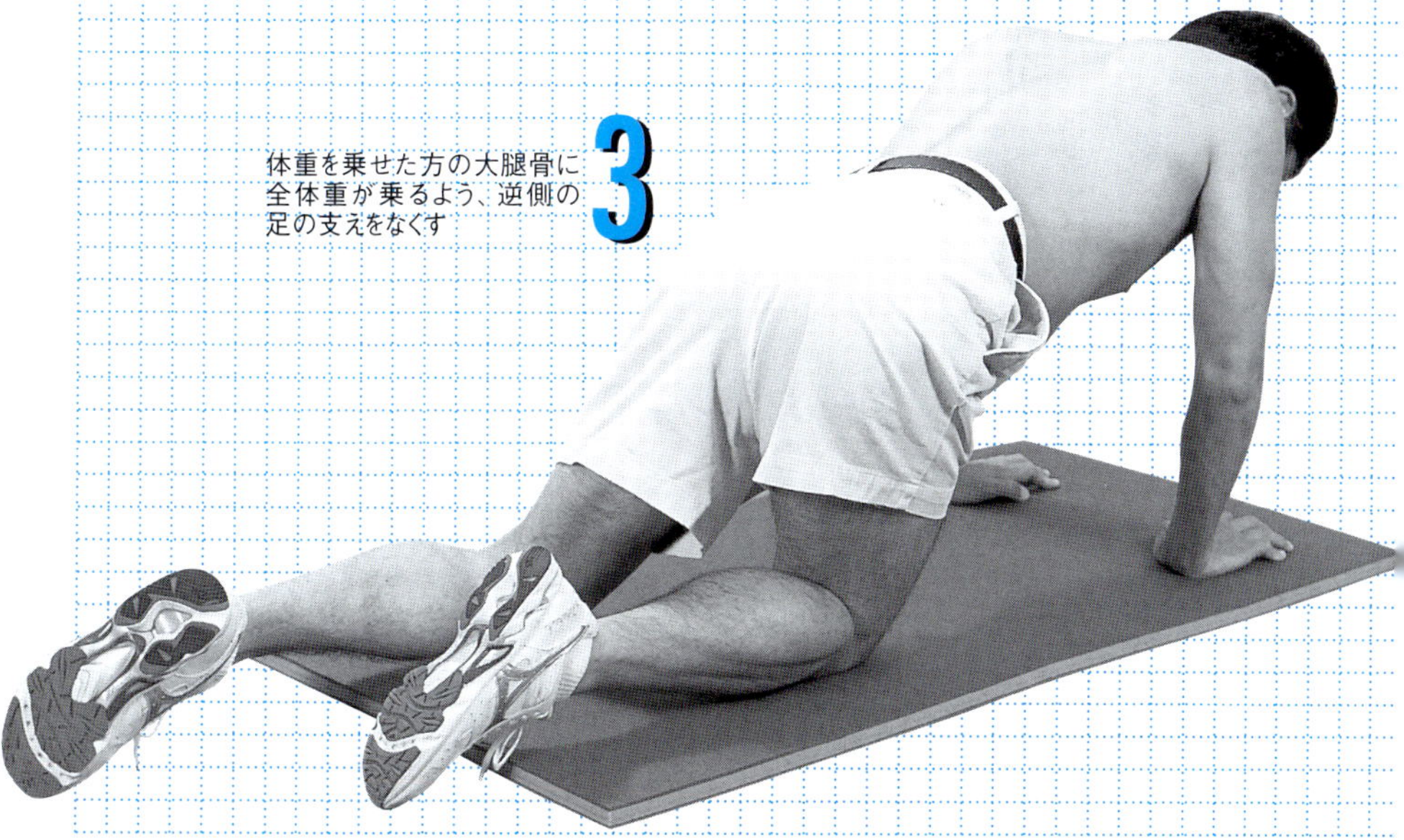

体幹部

泳ぎを安定させるには、しっかりとした水中姿勢を維持できなければなりません。そのために大切なのが体幹部の安定で、これは「腹圧」を入れることで得られます。つねに「腹圧」が入った状態を維持できれば、かきやキックの力が生かされ、グングン進みます。まずは「腹圧」の入れ方を覚えましょう。

「腹圧」が入れられるようになったら、「腹圧」を入れたまま呼吸してみましょう。息を吐くときには力が抜けてしまいがちですから、ペットボトルなどを使って、自分の目で確認しながらやってみましょう。そして「腹圧」を入れたまま手や脚を動かすことで、実際の泳ぎに直結したエクササイズとなるのです。

体幹部

EXERCISE 1

「腹圧」を入れて、体幹(コア)を安定させる

正しい水中姿勢を保つのに大切になってくるのが「腹圧」です。腹圧を入れることで脚も沈まなくなります。といっても、泳いでいる間ずっとこの姿勢を保っていられなければ、姿勢も崩れてきます。そこで、ここでは腹圧を入れた状態を維持するエクササイズを行いましょう。まず大切なのが、腹圧の入れ方を覚えることです。実際に腹圧が入っているかを自分で確認してみましょう。

腹圧

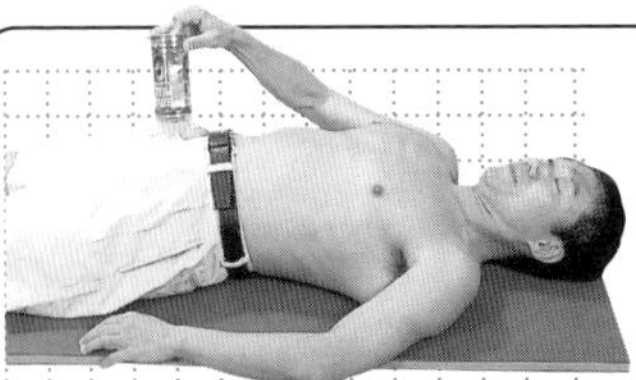

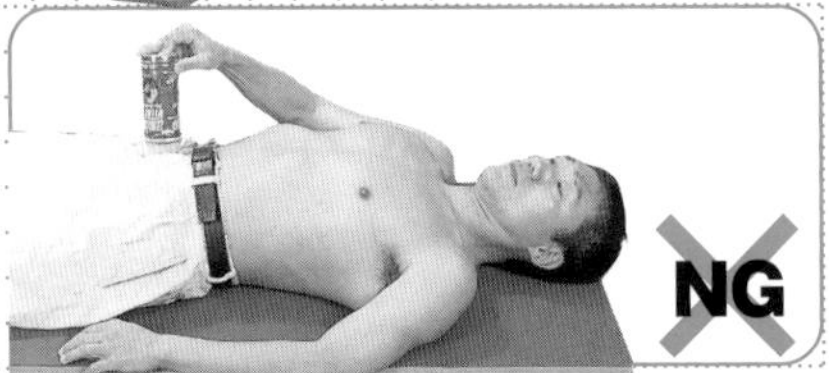

ペットボトルなどを押し当てて、実際に腹圧が入っているかを確認しましょう。きちんと圧が入っていることが確認できたら、その姿勢で呼吸をしてみます。もし、力を入れているにもかかわらず、めり込んでしまうようなら、別の部分に力が入っているということです

腰をグッと前に出して息を吸いこみ、お腹の下のほうに空気を入れこむイメージで張った状態にする。力を入れるというより、文字どおり圧がかかったままにする。そのままペットボトルなどを押し当て、腹圧がしっかりと入っていることを確認しながら、大きく息を吸い、大きく吐く。これを何回かくり返す。たとえば1分間泳ぐなら、この状態を最低でも1分間は維持できるようになろう

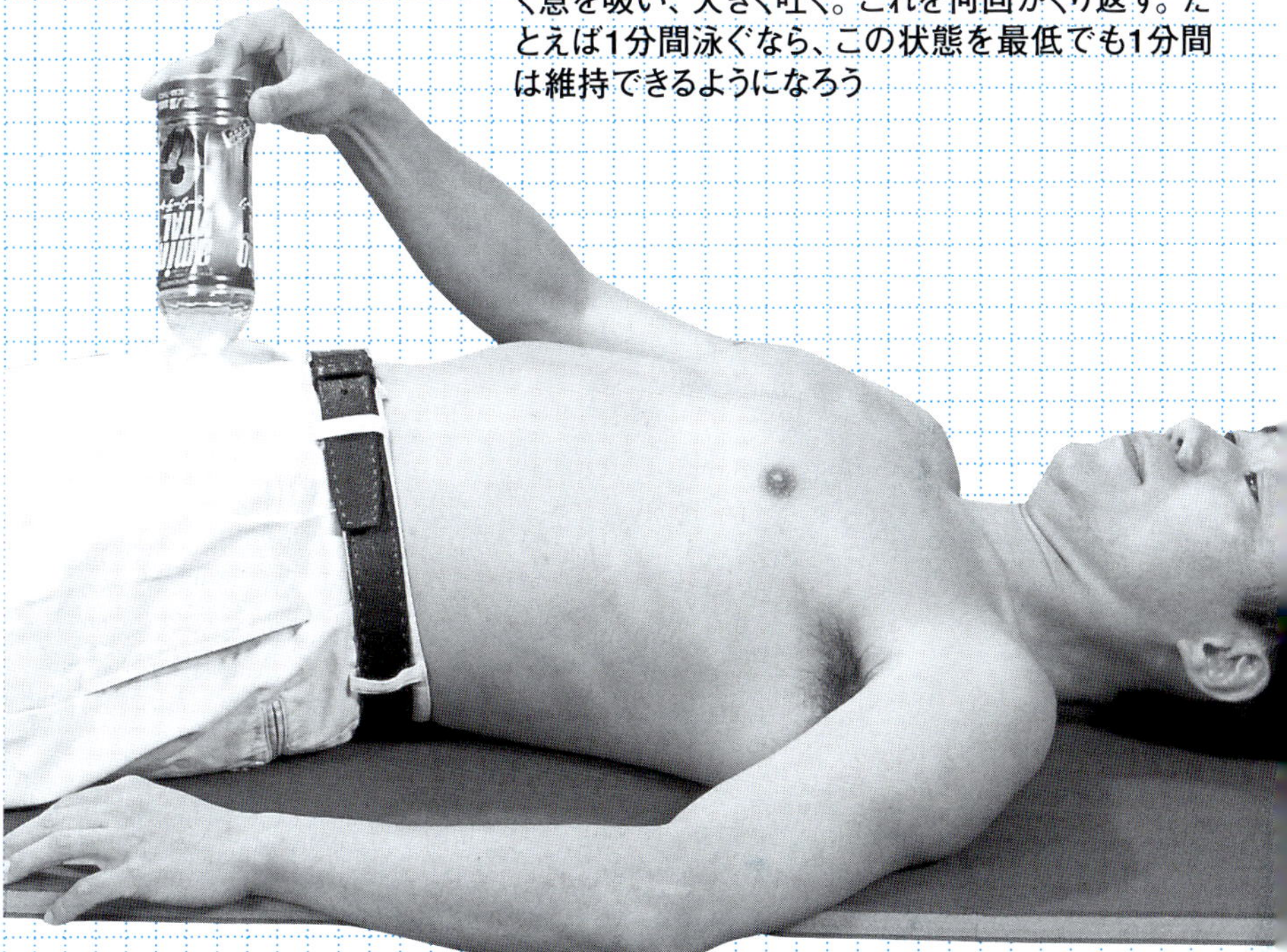

うまくいかない場合は

腰がグッと入った姿勢のほうが、腹圧は入りやすくなります。腰の下に手を回し、あらかじめ背すじを伸ばしてやってみるといいでしょう

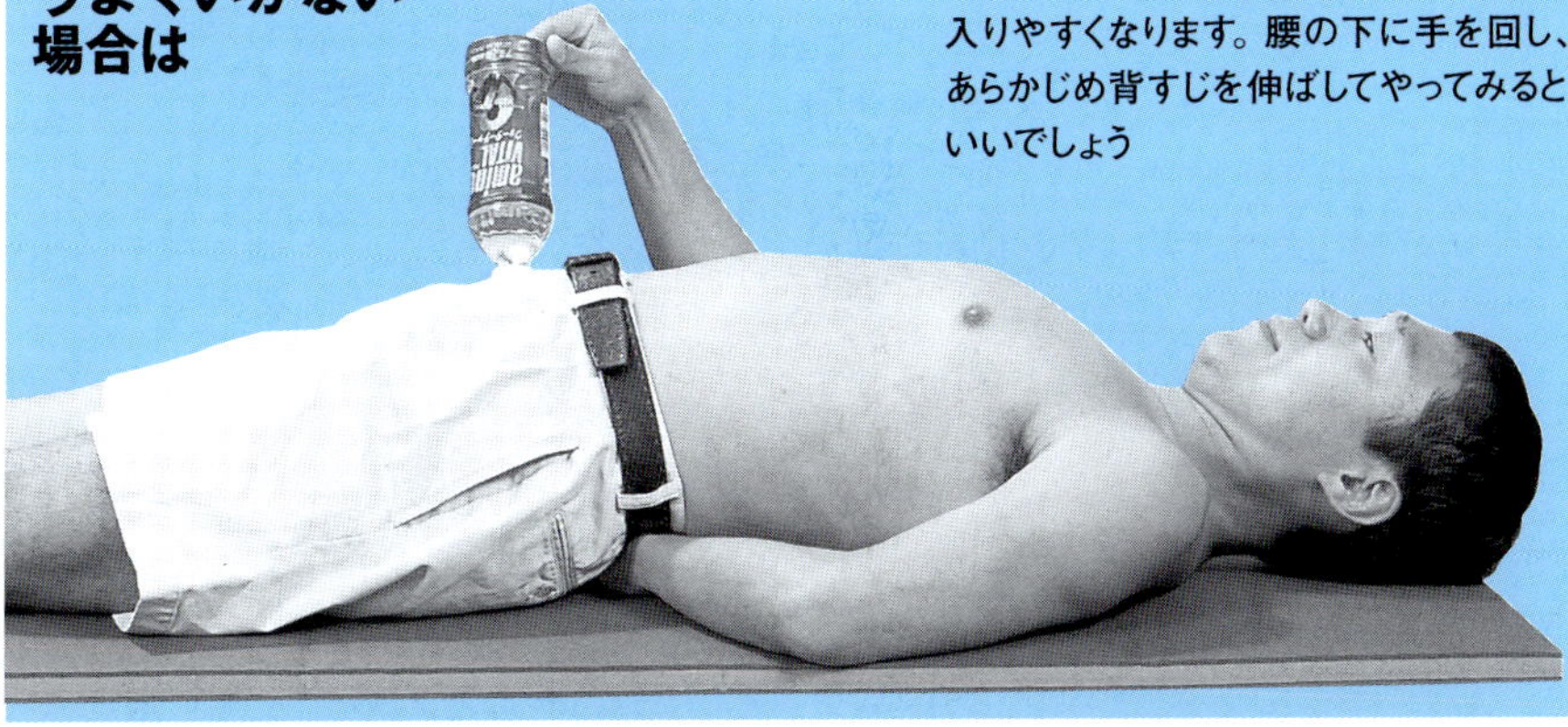

腹圧を入れたまま脚を動かす

泳ぐときに腹圧が入っていないと、まっすぐな水中姿勢が保ちにくくなります。腹圧を入れることで、太ももの後ろが引き上げられ、水平な姿勢がとれます。安定した体幹部をキープしながら脚を動かす練習をすることが安定したキックにつながるんです

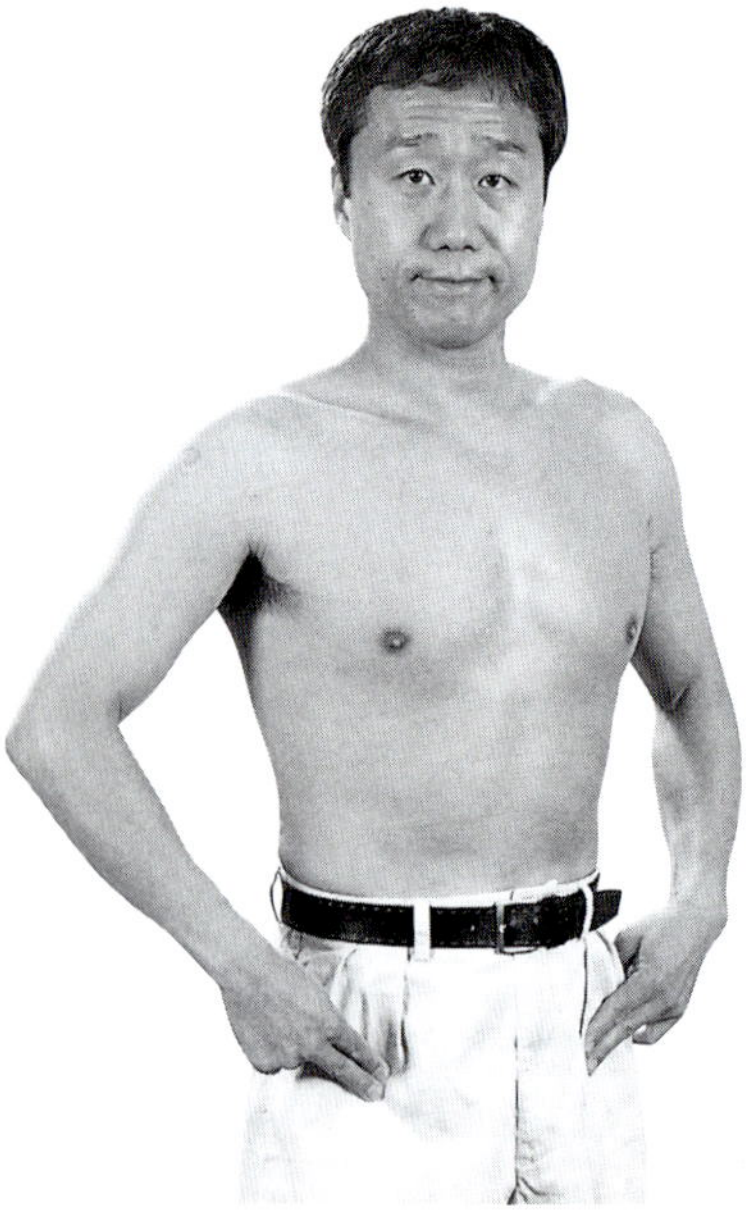

体幹部

EXERCISE 2

「腹圧」が入ったままキックし、実際の動きに近づける

腹圧が入れられるようになったら次のステップとして、実際に泳ぐときのように腹圧を入れたままゆっくり脚を動かしてみましょう。ここで意識するのは大臀筋(だいでんきん)です。反動をつけずに、しっかりまっすぐな姿勢を保つことが大切です。これをすることで、キックの力をより推進力に生かせます。

1

四つ這いで背すじを伸ばし、腹圧を入れた状態から片足を折りたたむよう手前に引く

骨盤が外向きに開いてしまうと体幹が安定しないので、効果が得られない

足を高く上げても速く泳ぐためのキック動作にはつながらない

2

引いた脚を後ろに伸ばすようにキックする。水平を目安に反動をつけずに蹴り出す

胸郭の可動域が広がると息つぎに余裕が出る

息つぎのときに力んでしまう人などは、ふだんから胸郭の可動域を広げて、空気をたくさん取り込める状態にしておきましょう。息つぎに余裕ができます。すばやい息つぎを必要とする「最新の泳ぎ」にも効果的です

体幹部

EXERCISE 3

胸郭を広げて、楽に大きく呼吸できるようにする

腹圧を入れて呼吸する動作に、体幹部のひねりを入れてみましょう。「腰を回す」と一般にいわれているのは、骨盤と胸郭の向きを変える動きをいいます。もちろん、ひねった状態では胸が圧迫されるため、大きく息を吸ったときに肺に入ってくる空気の量も通常より制限されます。このとき、胸郭の動きに余裕がないと、一瞬息を止めてしまったりすることで全身の力みにつながってしまいます。

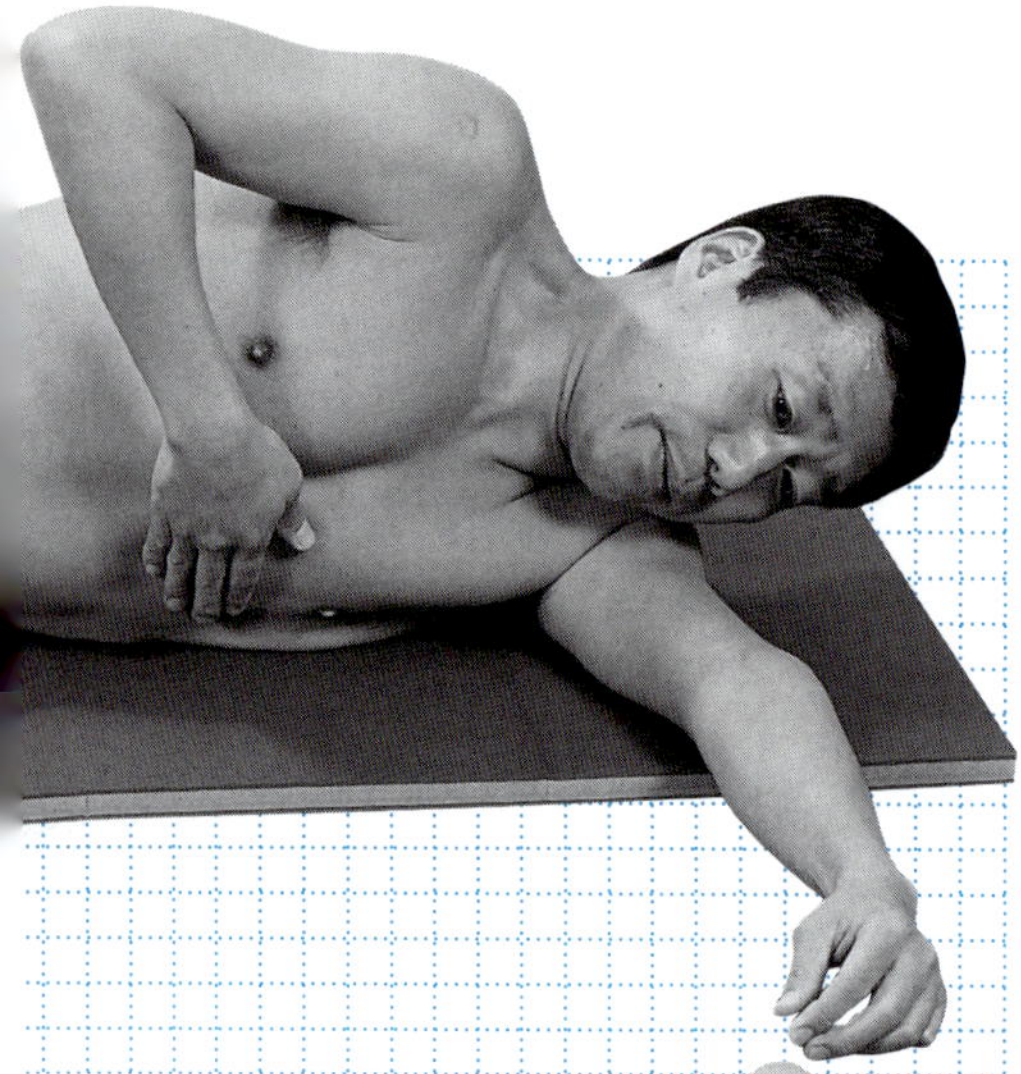

2

上体を後方にひねりながら大きく息を吸って、戻しながら大きく吐く

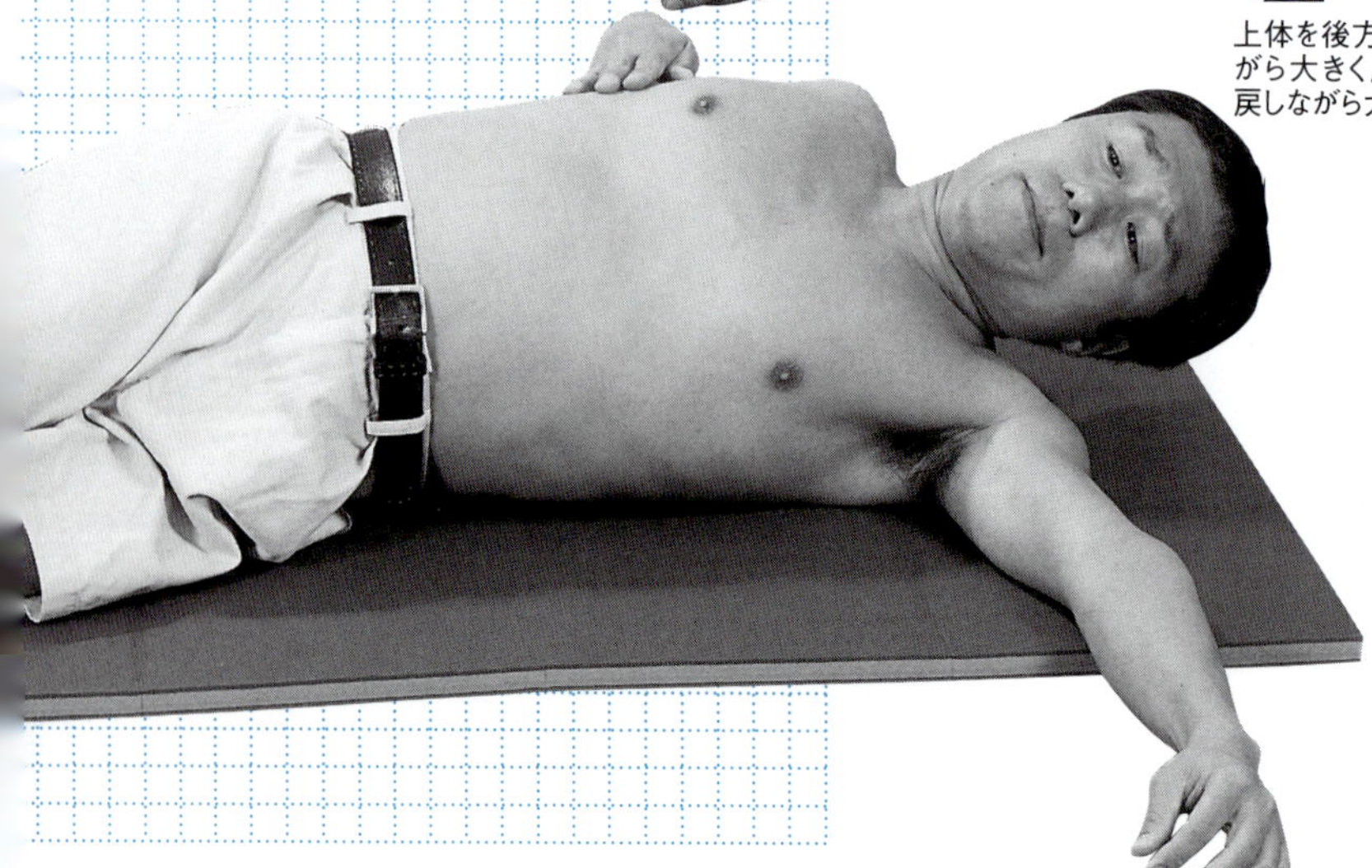

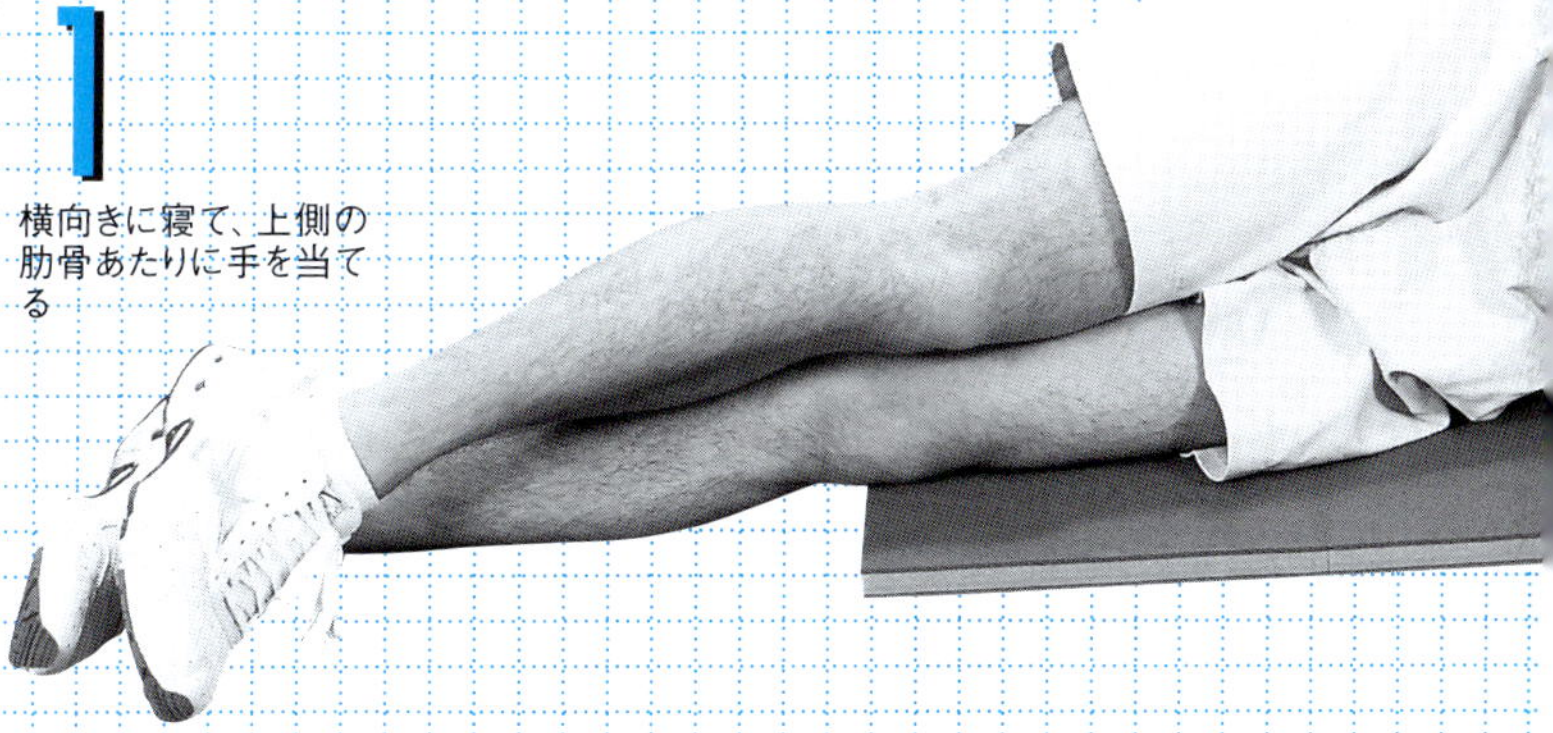

1

横向きに寝て、上側の肋骨あたりに手を当てる

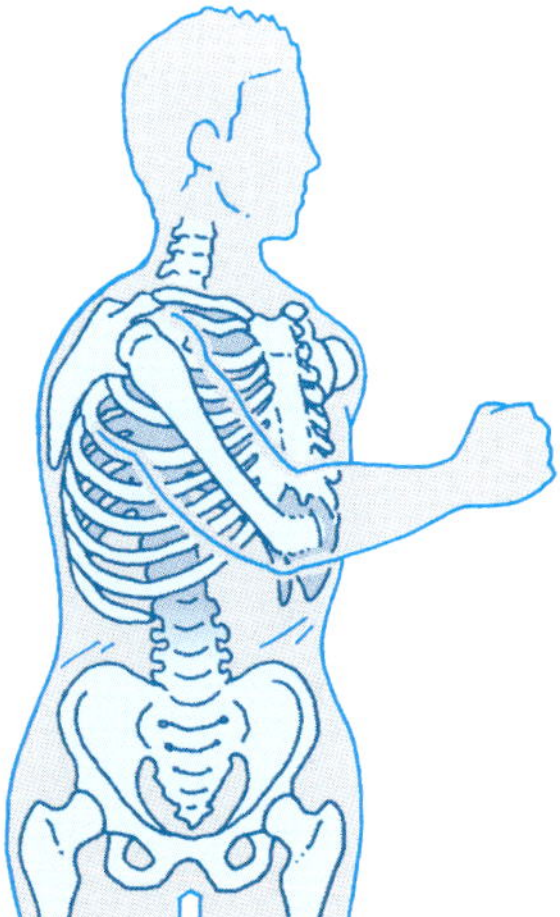

胸椎の可動範囲が腰の回転を決める

「腰を回せ」という言葉をよく耳にしますが、人間の腰は回転しないようにできています。勘違いしている人も多いかもしれませんが、実際にねじれているのは胸椎（きょうつい）なんです

実際の泳ぎと同様に「腹圧」を入れたまま体幹部のバランスを保ち、手と脚を動かしてみましょう

「腹圧」を入れたまま、手や脚を動かせるようになったら、
不安定な水の中でバランスをとるための練習をして、
「最新の泳ぎ」に必要な重心移動の感覚をつかみましょう

ここまでのエクササイズを続けることで、各部位の可動域を広げ、「最新の泳ぎ」に必要な動きができるようになることでしょう。そこで仕上げとして、全身の動きを連動させるコーディネーションエクササイズを行いましょう。不安定な水の中で効率的に泳ぐには、バランス感覚が必要です。ここからは、実際の泳ぎに近い動きを陸上で練習することで、バランス感覚を磨いていきましょう。

また「最新の泳ぎ」では、今までにない感覚が必要になってきます。「前の水に乗っかる」「カラダの左右に軸をつくり、重心を乗せ返す」といった新しい動きの感覚を陸上で覚えておくことが大切です。

このエクササイズでバランスよくカラダを使うイメージをつかみ、プールで試してみましょう。速く泳ぐための動きがスムーズにできるようになります。実際の泳ぎを頭の中に描きながら、感覚をカラダに覚えさせましょう。

「腹圧」が入ったまま手脚を動かし、泳ぎに役立てる

Coordination Exercise 1

腹圧を入れたまま手と脚を動かして全身をバランスよく動かせるようにするのが、このエクサイズです。キックで前の水にカラダを「乗っける」ようにして逆側の手を入水するP74のテクニックのトレーニングにもなります。これは筋力、柔軟性、バランスのすべてが必要となる動きです。

1

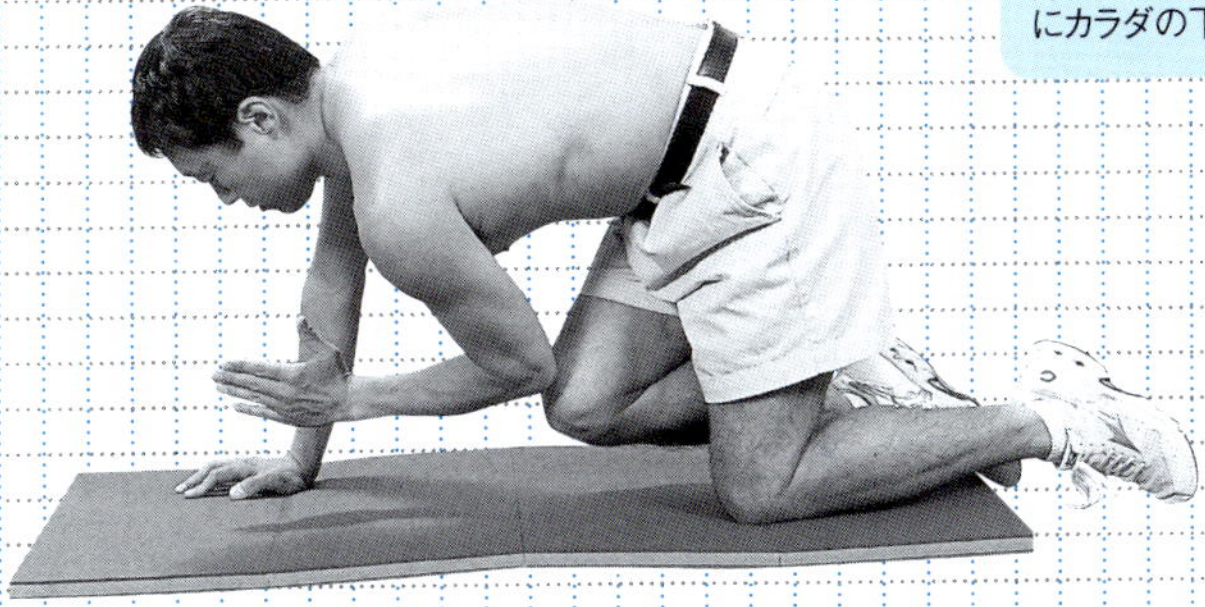

四つ這いの体勢で腹圧を保ち、片側の手とクロス方向の脚を折りたたむようにカラダの下に寄せる

手脚をまっすぐ水平に伸ばし、元の姿勢に戻す。反動をつけずに行うことが大切

2

Coordination Exercise 2

1

腹圧をしっかり入れ、カラダをまっすぐに保った状態で、両ひじで体重を支えるようにうつ伏せになる

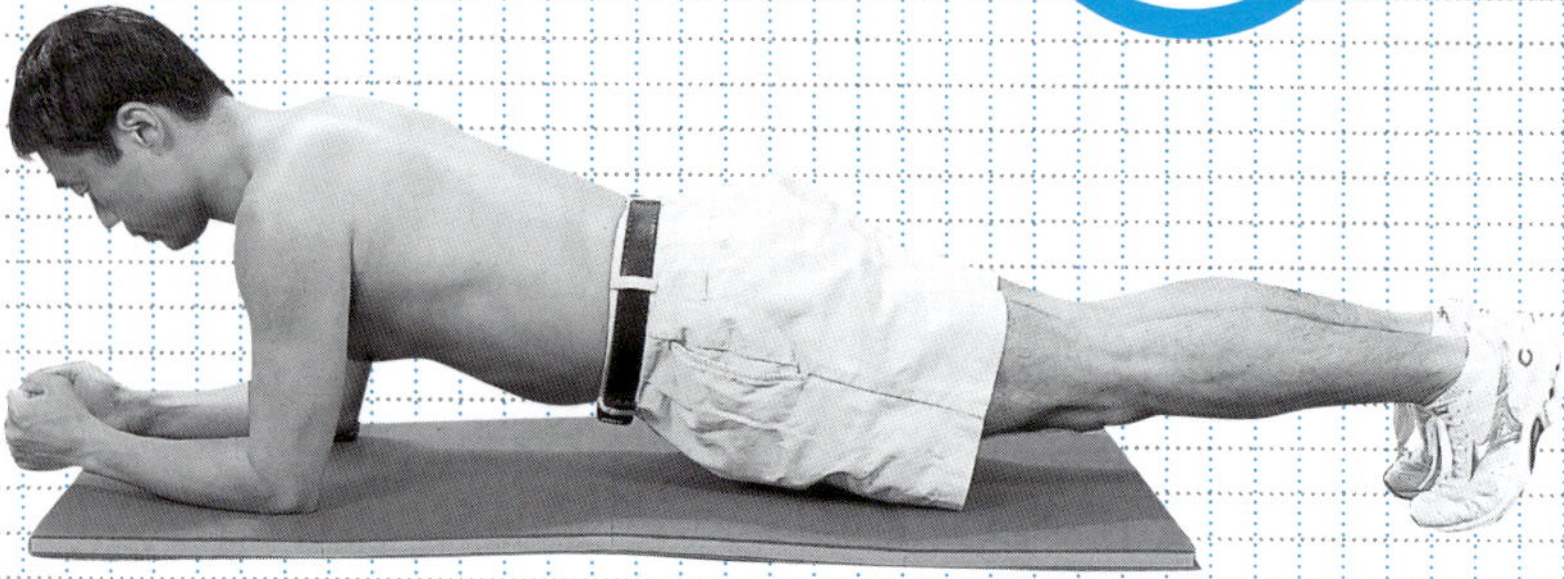

2

体幹部を一直線に保ったまま、覆いかぶさるように重心をゆっくり前に乗せ、ゆっくり戻す

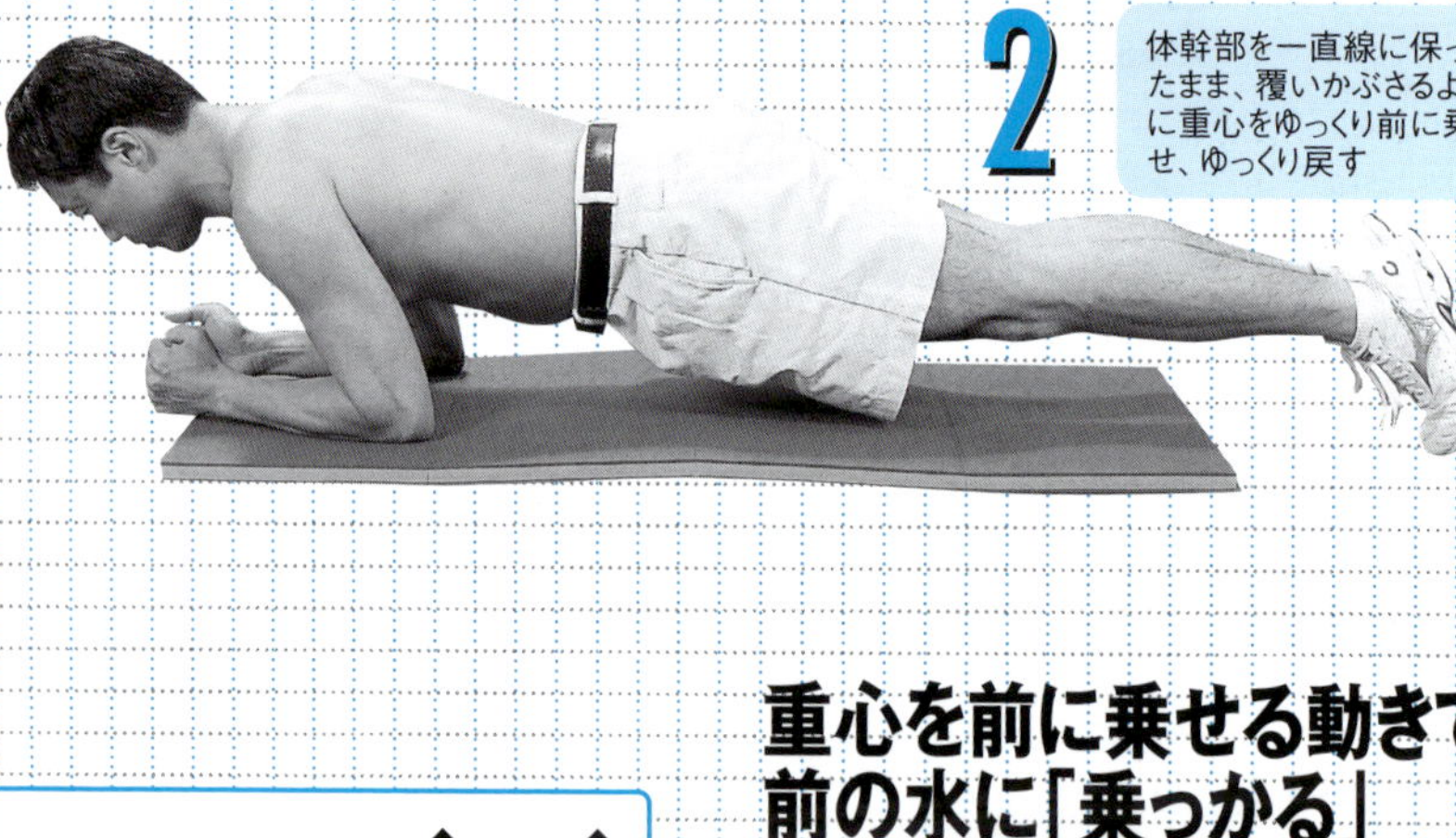

NG

腹圧がしっかり入っていないと腰が落ちてしまう。水中でこの姿勢になると脚が沈み、カラダが立って前の水に乗れなくなる

重心を前に乗せる動きで、前の水に「乗っかる」イメージをつかむ

「最新の泳ぎ」では重心を前に前に乗せていくことがポイントとなります。これは、その重心が前に乗る感覚をつかむための陸上エクササイズです。これでつかんだイメージを水中で再現できれば、前の水に乗っかってカラダを楽に進められます。水中と同様、しっかり腹圧が入っていないと腰が落ちたりし、前に行こうとする力が逃げてしまうイメージが体感できます。

カラダの左右両側に軸をつくり、そこに重心を乗せるようカラダを動かす

Coordination Exercise 3

左右に重心を移動させて、「乗せ返す」動きを身につける

カラダの左右に軸をつくって、その軸に重心を移動させます。これがここまで紹介してきた「乗せ返す」動きにつながってくるのです。腹圧をしっかりと入れ、手と脚は力まずにやってみましょう。左右の軸を意識できるようになれば、かきやキックで力が発揮しやすい形がわかり、必ず泳ぎに生きてきます。

1

腹圧を入れ、カラダをまっすぐに保ち、うつ伏せで両ひじで体重を支える

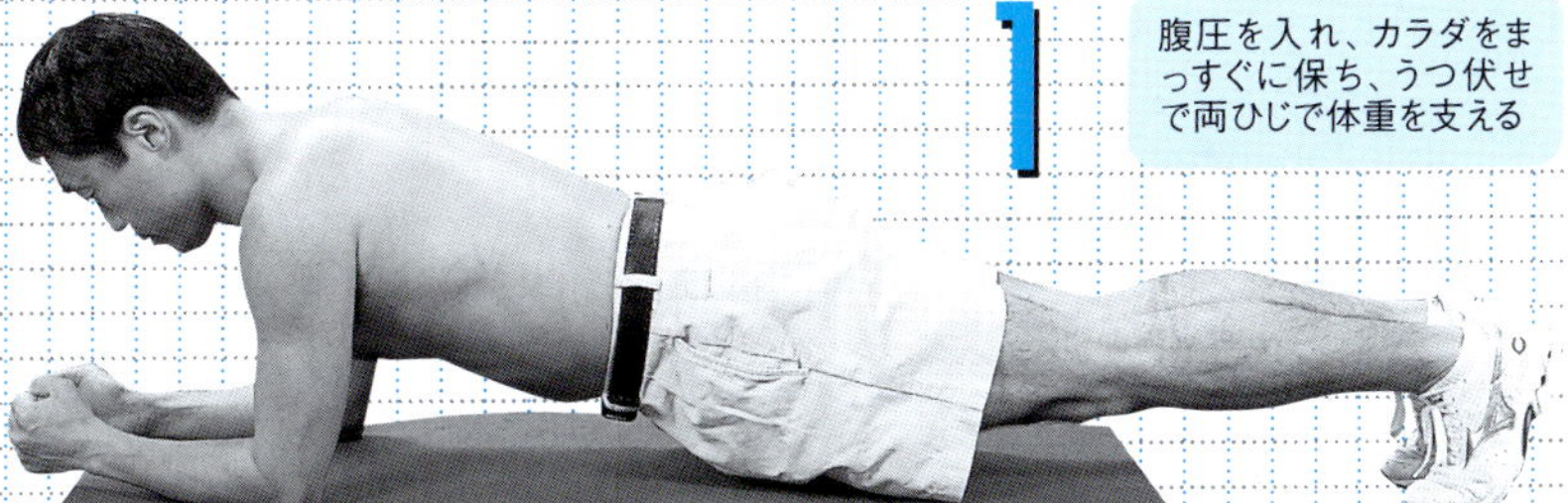

2

途中でカラダが折れないよう腹圧を入れたまま、重心を軸に移動させる

練習水着にもこだわって、ベストタイムを出す

Appendix
SWIM WEAR

練習ではカラダに適度な負荷が加えられる
ドラッグスーツの着用をおすすめします。
水着選びは、試合当日のコンディショニングの第一歩です

速く泳ぐためには、水着も大切な要素のひとつといえるでしょう。トップスイマーたちは、試合でレーススーツを着用しています。レーススーツは水の抵抗が小さく、カラダの動きにも負荷のかからないように科学的に開発された最先端の水着です。

そのトップスイマーたちも、練習ではドラッグスーツと呼ばれる、カラダに多少負荷をかける水着を意図的に使っています。レーススーツに比べ耐久性にも優れているため、練習量の多い選手たちにとっては大変経済的です。

しかし彼らは、決して経済的な理由だけでドラッグスーツを使っているわけではありません。カラダに負荷をかける高地トレーニングと同様、ふだんドラッグスーツを着用することでカラダの機能を養うのです。

カラダを前の水に乗っける「最新の泳ぎ」を練習するのにも、ドラッグスーツは効果的です。抵抗を感じることで体重の乗せ方や前回しのストロークの感覚もつかみやすくなるんです。

またドラッグスーツを着用して練習することで、ボディポジションもよくなります。速くきれいに泳ぐには、腰の位置を安定させることがポイントとなります。腰が下がってしまうと、せっかくのテクニックが生かせません。ドラッグスーツで練習していれば、試合などで通常の水着やレーススーツを着たときに、カラダが浮いて楽に感じることでしょう。

レース前はだれもが敏感になります。ふだんは気にならない、カラダのちょっとした変化なども気になってしまいます。ただでさえネガティブな要素にとらわれがちな試合当日、「カラダが軽く感じる」のは大きなプラス要因です。こんな微妙な感覚が、ベストタイムにつながってくるんです。

最近はドラッグスーツでも、カラフルなものが多く見られます。本気でトレーニングしたい人も、楽しく泳ぎ続けたい人も、水着選びから楽しんでみてはいかがでしょうか。

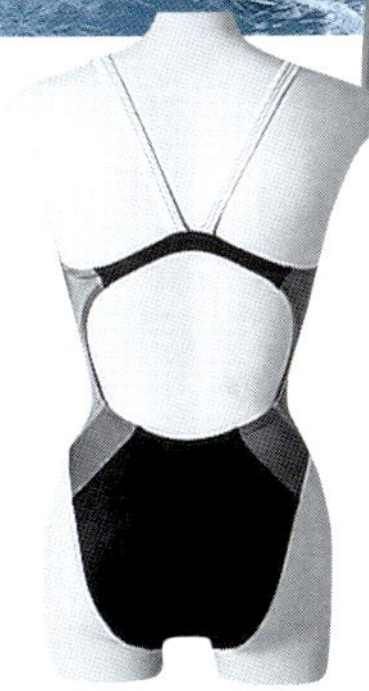

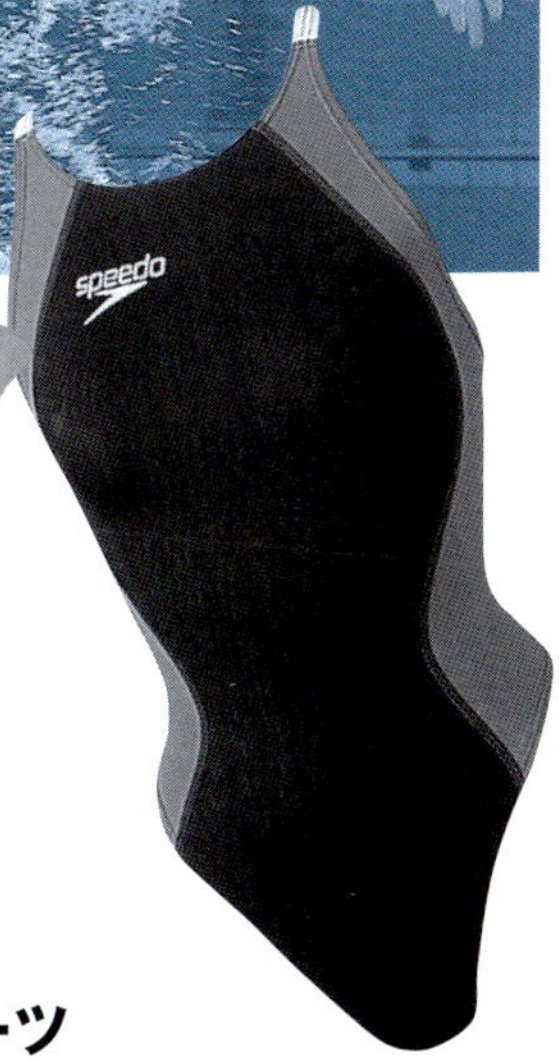

●レーススーツ

レース用に開発されたスーツ。抵抗が少なくカラダにかかる負荷も少ない速く泳ぐために特化された水着

●ドラッグスーツ

トレーニング時に適度な負荷をかけることで、身体機能を高める水着。ファッション性に富んだデザインも増えてきた

●衣装協力：MIZUNO

Appendix 2 for the RACE

試合前後にやっておきたい Ready & Recovery

どんなスポーツでも大切なのが「Ready & Recovery」。技術、栄養、メンタル面などの試合に向けての準備、試合が終わった後のケアが大切なんです

●試合前日からの調整が大切

試合前日の練習方法は、目的によって変わります。リラックスしたい人は、軽めにおさえておきましょう。ある程度動かないと落ちつかない人は、翌日に疲れを残さない程度にしっかり泳いでおくことが安心感につながります。

さらに、翌日カラダの動きをよくするために、ストレッチを入念にやっておくことをおすすめします。特に、「キャプセラーストレッチ(P101、110参照)」をしておくと動きがよくなります。

技術面では、スタート台とターンの確認が必要です。特にスタート台は、水面からの高さや台の傾斜が会場によって違いますから、レースになるとスタートがうまくいかない人にとっては大きなプラスになります。スタートの善し悪しで、時間にして0.5秒、カラダ1/3～半分は差がつくのです。前日に確認できない場合は当日でもよいので、この2点は必ず確認しておきましょう。

翌日の試合を考えるとそわそわしてしまう人は、自律神経が活発になって内臓に負担がかかります。当日、胃腸の調子が悪いと力が発揮できません。前日からカラダにやさしい食事を心がけましょう。油ものを避けて、うどん、ご飯、パスタなどの炭水化物を中心に摂るといいでしょう。

●レースでピークに持っていく

レース前になにか口にしたくなるこ

とがあります。「ここで食べてしまうと悪影響が出るのでは」と考える人も多いかもしれません。トップレベルの選手に限らず、レースに合わせて筋肉の状態をベストに持っていくのが理想ですから、レース前の栄養補給は非常に大切です。レース中は激しく筋肉を使い筋繊維が破壊されますが、アミノ酸やタンパク質を摂っておけば、ベストな状態を保ちすばやい回復もうながせるんです。

レースの30分程度前なら、消化のよいゼリータイプや水に溶かして飲むタイプのものがいいでしょう。何か歯ごたえのあるものがほしい場合は、レースの1時間程度前にカロリーメイトなどの固形物を1本口にするのもいいでしょう。

レースの合間に筋肉の回復を図るために、プロテインや果物などで糖、グリコーゲン、タンパク質などを摂るのもいいでしょう。特に糖に関しては、レース後できるだけ早く摂ることが大切です。

栄養補給と同時に、次のレースまでに泳いでおくこと（リカバリースイム）も大切です。全力で泳ぐと血中乳酸値が上がります。レース後に心拍数は落ちても、血中乳酸値は高いままです。軽い運動で血流をよくし、血液中の乳酸を流すことで、乳酸をエネルギー源に戻せるんです。そのためにはある程度の血流が必要となるので、だらだら泳ぐのでは意味がありません。リカバリースイムは1分間の心拍数100～120のペースで行いましょう。

●疲れは翌日に残さない

試合を終えたら、疲れを翌日に残さないことを考えましょう。まずは疲れたカラダの回復です。カラダが疲れていると、精神的なストレスも蓄積します。サプリメントなどを有効に活用して、疲労した当日の状態より一歩よくなることを心がけましょう。翌朝に疲れは残っていても「昨日よりは回復している」と前向きに考えることでストレスはたまりません。「前日よりよくなる」の積み重ねを試合につなげるんです。ベストの状態からすれば、ほぼ毎日がマイナスになって「おかしいな？」という感覚に襲われがちです。つねに現状を把握し「今よりも少し上」を目指していくことで、毎日が楽しくなるはずです。何事もハッピーな気持ちでやってみましょう。

体力レベルに合わせたメニューで上達しましょう

泳力や目的に合わせて、上達のためのオリジナルトレーニングメニューをつくってみましょう。メニューの組み方に制限はありません。まず距離を設定し、それを何セット行うか決めることから始めましょう。

ここでは大まかに3つのレベルに分けて、それぞれのメニューを紹介します。しかし、これはあくまでも参考例です。メニュー内の距離や内容は、ムリのないようにアレンジしてみてください。

「ゆったり長く」をしたい人でも、もの足りなければ「持久力」や「速く」のハードなメニューを組み込むなど、自分に合った強度でやってみましょう。

メニューを組みながら練習することで、自分のレベルや体力が向上していくのがわかることでしょう。楽しみながらやってみてください。

400mの目的別トレーニングメニュー例

●ゆったり長く泳げるようになる!

「120」メソッド以下の、比較的ゆったりとした泳ぎを中心に組み立てたメニュー。体脂肪を効率的に燃焼させたい人や、気持ちよく長く泳ぎ続けたい人向けのメニューです

menu 1	100m×2本	…1本目は自由に泳ぎ、2本目は合計100 mの個人メドレー
	50m×4本	…「120」メソッド
menu 2	50m×4本	…50mの内容は、自分の課題改善のためのドリルを25m、課題とするテクニックを意識した普通のスイムを25m
	25m×8本	…課題とするテクニックを意識した普通のスイムと「120」メソッドを、25mずつ交互に行う
menu 3	50m×8本	…「120」メソッドと「150」メソッド2本ずつを、2セット行う

●持久力を効率よくアップさせる!

「ゆったり長く」よりも持久力を高められるメニューです。「150」メソッドを中心としたATゾーン(P23参照)での泳ぎを中心に行う、本格的なトレーニングといえるでしょう

menu 1	100m×4本	…1本目はゆっくりスタートし、徐々にスピードを上げるビルドアップスイム。2本目は「120」メソッド。残りの2本は150メソッドで泳ぐ
menu 2	100m×1本	…「120」メソッド
	50m×4本	…「150」メソッド
	25m×4本	…「150」メソッド
menu 3	50m×3本	…1本目、2本目、とスピードを上げて3本目で「150」メソッドになるように泳ぐ
	75m×2本	…「150」メソッド
	25m×4本	…「150」メソッド

●速く泳げるようになる!

ある程度の持久力がついてきたら、速く泳ぐためのメニューに切り替えてみましょう。ここでは「120」メソッドと「150」メソッドに加え、スピードアップに効果的な全力の泳ぎが組み込まれてきます

menu 1	50m×4本	…1本目はゆったりとした泳ぎから始め、2本目、3本目と徐々にペースを上げて、4本目が「120」メソッドになるように泳ぐ
	25m×8本	…全力で泳ぐ
menu 2	100m×4本	…1本目は楽にゆったり泳ぎ、2本目で「150」メソッド。3本目でゆったりにペースを落とし、最後は全力で100m泳ぐ
menu 3	50m×4本	…最初の2本は「120」メソッド、3本目と4本目は「150」メソッドで泳ぐ
	25m×8本	…1本目はゆったり泳ぎ、次の3本を全力で泳ぐ。5本目で再度ゆったり泳いで、ラスト3本を全力で泳ぐ

ある程度の持久力がついてきたら、速く泳ぐためのメニューにもチャレンジしてみましょう。そのために「120」メソッドと「150」メソッドに加え、全力での泳ぎも組み込んでみました

あとがき

目的に合わせて、気持ちよく水泳を楽しみましょう

　本書で紹介した「最新の泳ぎ」は、がむしゃらに力まかせに水をかいて泳ぐのではなく、より効率的に水に力を伝えて、重心を前に移動させていくのがポイントです。本書および付録のDVD映像を通じて、「最新の泳ぎ」のよいイメージを頭に描きながら、より高いレベルで、速く、気持ちよく泳げるようになってください。

　自分の泳ぎに行き詰まったとき、うまくいかないときには、初心に戻って水泳の楽しさを思い出すことが大切です。つねにハッピーな気持ちで、泳ぎを楽しむことが上達への第一歩です。肩の力を抜いてゆったり泳いでみましょう。

　効率的なフォームでゆったり泳ぐ姿は、じつに格好のいいものです。また、泳いでいて本当に気持ちよく感じます。長く、楽に、気持ちよく、ゆったりと泳ぎたい方も、この本をぜひ参考にしてください。

著者
高橋雄介（写真中央）

モデル
阿部太輔（写真左）
菱沼良佑（写真右）

エクササイズ協力
八木茂典（理学療法士）

撮影協力
八王子市北野余熱利用センター（あったかホール）

●著者
高橋雄介（たかはし　ゆうすけ）
1962年生まれ。東京都出身。中央大学理工学部准教授。文部科学大臣公認水泳A級コーチ、JOCオリンピック強化スタッフ。高校、大学でバタフライの選手として活躍。'86年から5年間、米国アラバマ州立大学にコーチ留学。'91年、母校中央大学水泳部のコーチに就任、2002年から同部監督。1994年からインカレ11連覇を成し遂げ、最強の大学水泳部として君臨し続けている。

編集・執筆協力　権藤海裕（Les Ateliers）
本文デザイン　帆苅政義／雲野さな絵（fan）
本文イラスト　中村知史　安ヶ平正哉
写真撮影　金田邦男
DTP　天龍社
DVD撮影・編集・オーサリング　深津壮大

クロールが速くきれいに泳げるようになる！

著者　高橋雄介
発行者　高橋秀雄
編集者　小元慎吾
発行所　**高橋書店**
〒112-0013
東京都文京区音羽1-26-1
電話 03-3943-4525（販売）／03-3943-4529（編集）
FAX 03-3943-6591（販売）／03-3943-5790（編集）
振替 00110-0-350650

ISBN978-4-471-14082-3